Doris Muliar

RICHTIG ESSEN BEI FETTLEBER

Wie Sie das lebenswichtige Organ mit der optimalen Ernährung natürlich entgiften und stärken

Über 100 einfache Rezepte

riva

Inhalt

Kleine Gerichte – Suppen 79

Kleine Gerichte – Gemüse 97

Kleine Gerichte – Salate 121

Low Carb am Abend 139

Fisch, Geflügel und Fleisch 157

Süßes 169

Für den Vorrat 177

Was macht unsere Leber?

Die Leber ist vor allem die Stoffwechselzentrale in unserem Körper. Eine gesunde Leber hat eine glatte, rötlichbraune Oberfläche und wiegt bei Erwachsenen etwa 1½ Kilogramm.

Sie filtert und reinigt täglich 2000 Liter Blut! Sie produziert 500 Milliliter bis 1 Liter Gallensaft für die Fettverdauung und die Aufnahme fettlöslicher Vitamine. Sie stellt Hormone und Enzyme her, Antikörper, Eiweißstoffe, Cholesterin – die komplexen Aufgaben der »Chemiefabrik« Leber betreffen unseren gesamten Organismus. Nahrung, Medikamente, Umweltgifte, Abbauprodukte aus dem Darm, defekte Körperzellen, Viren und Bakterien – alles wird mit dem Blut durch die Leber geschleust, gefiltert, gereinigt, umgebaut und zur Energiegewinnung oder Lagerung an die einzelnen Zellen verschickt. Ein Notvorrat von 300 bis 400 Gramm Glykogen (umgewandelte Glukose) und Fett (1 bis 1½ Prozent ihres Gewichts) bleibt in der Leber stets vorhanden, um im Fall eines Mangels noch zu funktionieren.

Beginnt dieser komplizierte Prozess aus dem Ruder zu laufen, lagern sich immer mehr Fett und Giftstoffe in der Leber an.

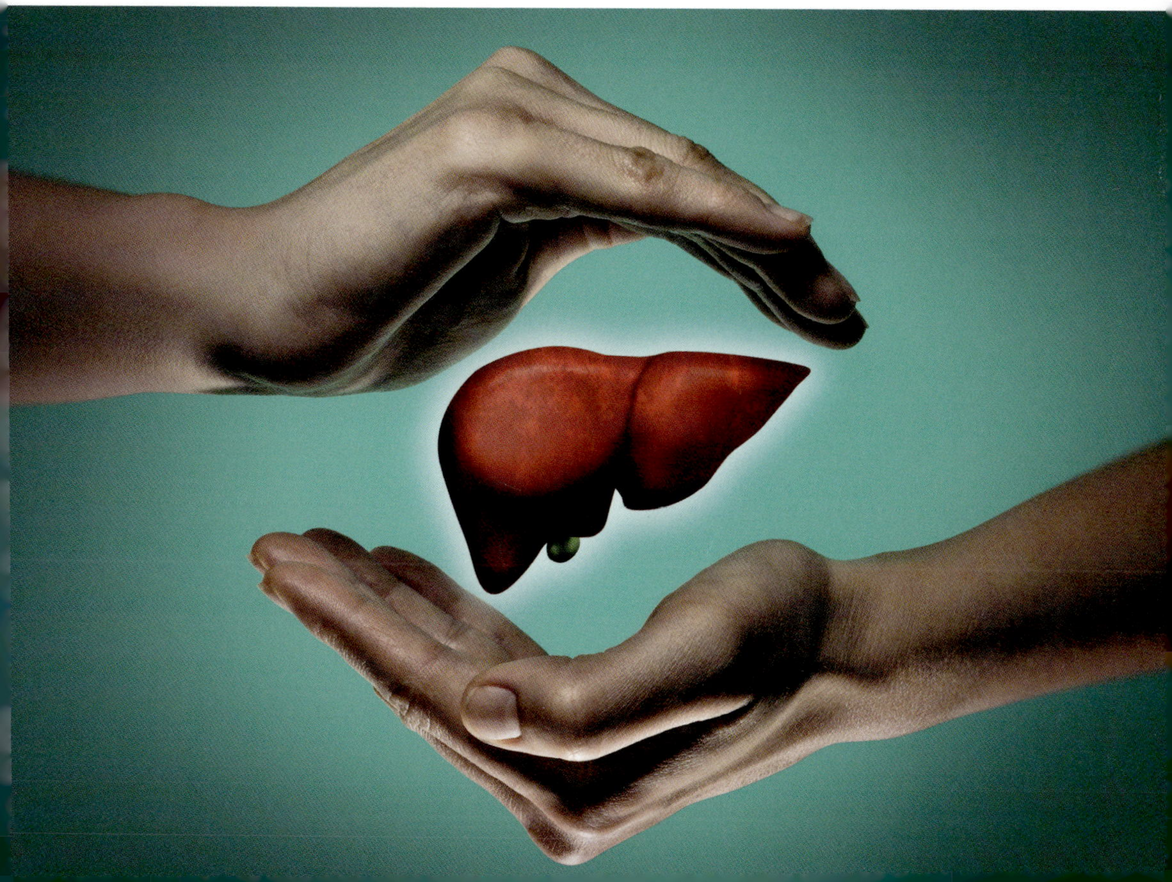

Wie unser Essen die Leber krank macht

Unsere Leber kann zugeführtes Material zu denjenigen Stoffen umbauen, die gerade gebraucht werden. Zum Beispiel wird Glukose (Zucker) als Glykogen eingelagert. Wenn der Blutzuckerspiegel sinkt, wird die Glukose wieder aktiviert und in den Blutkreislauf geschickt. Die Leber kann bei Bedarf auch Proteine (Eiweiß) in Zucker umbauen oder Glukose in Fett verwandeln.

Genau diese Umwandlung von Glukose in Fett wird zum Problem, wenn wir zu viel Glukose, das heißt nicht nur Zucker, sondern Kohlenhydrate in jeder Form, zu uns nehmen. Eine besondere Rolle spielt dabei die Isoglukose, eine Mischung aus Glukose- und Fruktosesirup, die in industriell hergestellten Süßspeisen und -getränken wie Smoothies und Limonaden verwendet wird. Fruktose wird auch Fertiggerichten zugesetzt, dazu kommt noch ein Übermaß an gesättigten Fettsäuren in industriell hergestelltem Essen.

Fruktose, der Zucker im eigentlich gesunden Obst, wird zum Leberrisiko, wenn »flüssiges Obst« im Übermaß genossen wird. Süße Smoothies und auch frisch gepresste Fruchtgetränke sind keine Durstlöscher und sollten mit Bedacht getrunken werden. Besser, man isst das Obst, damit bekommt man auch all die Ballaststoffe mit, die ansonsten als Trester im Müll landen und der

Fruktoseanteil pro 100 Gramm ist in Obst nicht so stark konzentriert.

Es ist also nicht (nur) der regelmäßige Alkoholkonsum, wie man im Allgemeinen meint, der zur Fettleber führt. Die Ursache ist bei zwei Drittel aller diagnostizierten Fettlebern falsche Ernährung mit zu viel Zucker, zu vielen Kohlenhydraten und schlechten Fetten. Die Medizin unterscheidet zwischen alkoholischer und nichtalkoholischer Fettleber, obwohl die Auswirkungen dieselben sind: Die Leber arbeitet nicht mehr richtig, kann, weil sie entweder mit dem Abbau von Alkohol oder mit der Verarbeitung überschüssiger Glukose und Fruktose beschäftig ist, die anderen lebenswichtigen Aufgaben nicht mehr in vollem Umfang ausführen.

Wie macht sich eine Fettleber bemerkbar?

Die Leber selbst verursacht keine Schmerzen. Leichte Beschwerden im oberen Bauchraum kommen eher von der Gallenblase. Ist die Leber aber erst mal stark verfettet, wird das Bindegewebe, welches das Organ umhüllt, gedehnt, sodass ein unangenehmer Druck im Bauchraum entstehen kann. Müdigkeit und Abgeschlagenheit können ein weiterer Hinweis auf eine Fettlebererkrankung sein.

Mit einer Ultraschalluntersuchung des Bauchraums wird eine Fettleber leider erst spät und bei einem hohen Fettgehalt entdeckt.

Eine sichere Diagnose bringt eine Biopsie, die aber nur bei begründetem Verdacht durchgeführt wird. Mittels MRT kann die Fettmenge in der Leber exakt bestimmt werden.

Die Blutleberwerte ALT, AST, GGT und GSH – das sind unterschiedliche Leberenzyme – können erhöhte Konzentrationen ausweisen, die Ihr Arzt je nach Mengenverhältnis zu anderen Blutfettwerten interpretieren wird.

Wenn Sie einen Verdacht auf eine mögliche Lebererkrankung haben, kann der Fettleber-Index-Rechner im Internet (www.leberfasten.com) erste Hinweise geben.

Die Stadien der Erkrankung

Eine beginnende Fettleber wird kaum bemerkt. Die Diagnose ist meist ein Zufallsbefund. Bei einer Verfettung der Leber von nur 5 bis 10 Prozent spricht man bereits von Fettleber im Stadium 1 (Steatose). Selbst eine bereits ausgewachsene Fettleber mit einer Verfettung von 50 Prozent der Zellen des Organs macht oft keine Beschwerden, wirkt sich aber bereits auf den gesamten Organismus aus, da die vielfältigen Aufgaben der Leber nicht mehr vollständig erfüllt werden.

Dann kommt es zunächst zu Entzündungen in der Leber (Stadium 2), welche die Leberzellen schädigen. Bei länger andauernden Entzündungen sterben Leberzellen ab, die Leber beginnt zu vernarben, ihre Arbeitsleistung wird immer schwächer. Die Vernarbung schreitet immer weiter fort, die Leber schrumpft und die unumkehrbaren Stadien Leberfibrose und Leberzirrhose treten ein (Stadium 3). Spätestens da stellen sich Folgeerkrankungen ein: Nierenschwäche, Bluthochdruck, Herzinfarkt oder Diabetes.

Wie wird man eine Fettleber wieder los?

Es gibt leider keine Medikamente, die das Fett in der Leber abbauen. Aber das Gute ist: Sie können die Heilung der Fettleber selbst betreiben. Und das kann sogar ganz schnell gehen. In wenigen Tagen sind bis zu 30 Prozent Abbau des Leberfetts möglich! In zwei bis drei Wochen kann sich Ihre Leber – je nach Ausgangslage – vollständig erholen.

Da man die Ursachen für die Entstehung einer Fettleber kennt, ist sie durch Vermeidung der Risikofaktoren recht zielgenau behandelbar: abnehmen (bereits 5 Prozent Gewichtsverlust helfen!), keinen Alkohol trinken, mehr Bewegung, ausreichend schlafen, weniger Stress, gezielte Ernährung und gegebenenfalls ausgewählte Nahrungsergänzungen.

Auf den folgenden Seiten finden Sie einen kurzen Überblick über die geeigneten Maßnahmen für eine gesunde Leber.

Haferkur zum Start

Als Starthilfe zum Abbau der Fettleber wären drei Hafertage sehr sinnvoll. Die drei Hafermahlzeiten (Rezept rechts), die Sie pro Tag essen, enthalten vier besonders leberaktive Komponenten:

- Hafer mit dem hohen Gehalt an Beta-Glucan,
- Molke mit viel Protein,
- Leinöl mit mehrfach ungesättigten Fettsäuren, Vitaminen und Mineralstoffen,
- Beerenobst mit dem Pflanzenfarbstoff Anthozyan.

Haferkur-Grundrezept

9,3g
BAL

FÜR 1 PORTION
PRO PORTION: 374 KCAL | 11,5 G E | 10,7 G F | 54,7 G KH, DAVON 10,4 G ZUCKER

ZUTATEN

75 g Bio-Haferflocken
150 ml Süßmolke (Reformhaus, Bioladen)
1 Prise Salz
1 TL Leinöl
100 g dunkles Beerenobst

1. Haferflocken in einer Schüssel mit Süßmolke und Salz verrühren und 30 Minuten oder länger quellen lassen.
2. Leinöl einrühren.
3. Beerenobst waschen, trocken tupfen, gegebenenfalls Stiele entfernen und größere Früchte klein schneiden. Unter die Haferflocken mischen.

TIPP: Sie können gleich morgens drei Portionen Haferflocken für den ganzen Tag in Wasser einweichen und nach Belieben das Beerenobst variieren. Alternativ finden Sie eine mildere Variante zum Beginn Ihrer Leberentfettung als Wochenplan auf Seite 44.

Ernährung nach Low Carb

Bei der Low-Carb-Ernährung werden keinesfalls ALLE Kohlenhydrate gestrichen. Es sollen lediglich weniger Kohlenhydrate gegessen werden und vor allem Süßigkeiten, gesüßte Lebensmittel und solche aus Weißmehl gemieden werden. Die Leber verwandelt den Überschuss an Kohlenhydraten in der Nahrung, der nicht zur Energiegewinnung gebraucht wird, zu Fett um. Stehen weniger Kohlenhydrate aus der Nahrung zur Verfügung, setzt der umgekehrte Prozess ein: Fett wird abgebaut.

Low Carb heißt nicht, wie oft behauptet wird, dass Sie sich hauptsächlich von Fleisch, Fisch und ein paar Salatblättern ernähren sollen. Das wäre dann eine ketogene Ernährung, die bisweilen auch bei Fettleber empfohlen wird. Diese Ernährungsform ist allerdings sehr extrem und einseitig. Komplexe Kohlenhydrate, wie sie in Vollkornprodukten und Hülsenfrüchten enthalten sind, sowie alle Gemüsesorten und alles Beerenobst haben so viele gesundheitliche Vorteile, dass die dort enthaltenen Kohlenhydrate als neutral betrachtet werden. Damit ist Low Carb auch für Vegetarier und Veganer bestens geeignet, wenn sie die benötigten Eiweiße aus pflanzlicher Nahrung decken. Dennoch sollten Sie keine Riesenportionen verzehren und auch ein Auge auf die enthaltenen Kalorien haben, zum Beispiel wenn Sie abnehmen wollen oder müssen.

Abends kann die Low-Carb-Ernährung etwas strenger ausgelegt werden: Die Mahlzeit sollten einen höheren Proteinanteil aufweisen. Das verringert die Insulinausschüttung, die beim Verzehr von Kohlenhydraten aus der Bauchspeicheldrüse erfolgt. Insulin im Blut würde den Fettabbau blockieren. Der Fettabbau funktioniert aber, gerade wenn Sie schlafen und nichts zu sich nehmen, am besten.

LOW-CARB-ERNÄHRUNG

Essen nach der Uhr

Wenn möglich, gewöhnen Sie sich an, Ihre Mahlzeiten regelmäßig über den Tag verteilt und etwa zur selben Zeit zu sich zu nehmen. Dazwischen muss aber Pause sein! Das heißt: keine Snacks oder Naschereien. Wenn Sie sättigend gefrühstückt haben, braucht der Organismus nichts bis zum Mittagessen. Dasselbe gilt für die Zeit bis zum Abendessen. Obst, kleine Eis- oder Kuchenportionen können Sie als Nachtisch, nicht aber zwischendurch essen. Die vier bis fünf Stunden Pause geben dem Stoffwechsel Zeit, alle Nährstoffe zu verarbeiten, bevor Nachschub kommt.

Vor allem bewirkt das Essensintervall, dass die Leber ihre Glykogenspeicher leeren und auch an den Fettvorrat gehen muss. Das schafft Platz und eine Überfüllung, das heißt Verfettung der Leber, kann sich zurückbilden.

Eventuell freunden Sie sich mit einer moderaten Form des Intervallfastens an, indem Sie einfach eine Mahlzeit auslassen und Ihrem Organismus 12, 14 oder 16 Stunden Nahrungspause gönnen. Idealerweise legen Sie das »Fastenintervall« auf die Nachtstunden, in denen Sie ohnehin schlafen. Diese Pause ist ein super Putzprogramm nicht nur für Ihren Darm. Sie löst die sogenannte Autophagie aus, bei der beschädigte Zellen im ganzen Körper aufgeräumt, beseitigt oder der Wiederverwertung zugeführt werden.

Was unterstützt die Leber?

Weniger Stress

Immer gestresst zu sein wirkt nicht nur negativ auf unser Nervenkostüm, sondern beeinflusst auch den Stoffwechsel. Vor allem hält Stress den Blutzuckerspiegel hoch, was wiederum viel Insulin im Blut zur Folge hat. Die Zellen werden mit Glukose geflutet, Glukose wird in Fett umgewandelt und dieses schließlich im Körper und auch in der Leber eingelagert.

Dazu kommt noch, dass dauerhafter Stress das Stresshormon Cortisol auf den Plan ruft. Dieses fährt den Fettstoffwechsel zurück, das heißt, der Fettabbau wird blockiert. Schlechter Schlaf bei Stresszuständen führt zu weiteren Cortisolausschüttungen – der Teufelskreis dreht sich immer schneller.

Fast Food und Snacks meiden

Schon fast eine Binsenweisheit: Fast Food und industriell hergestellte Mahlzeiten enthalten sehr wenig Nährstoffe, dafür aber jede Menge Geschmacksverstärker, Konservierungsstoffe, billige Fette und oft viel versteckten Zucker – Gift für die Leber, die das alles irgendwie verarbeiten muss. Die leeren Kalorien machen außerdem nur kurz satt und wandern meist direkt in die Fettdepots, das würgt Ihren Stoffwechsel nach und nach regelrecht ab.

Auch wenn Sie sich zwischen den Mahlzeiten hungrig fühlen – diesen Hunger können Sie aushalten! Gewöhnen Sie Ihren Organismus an vier bis sechs Stunden Pause zwischen den Mahlzeiten. Meist ist es auch gar nicht der Magen, der knurrt, es ist der Appetit, der durch die ständige Verfügbarkeit von allerlei Essbarem an jeder Ecke nach Nahrungsaufnahme schreit. Ein Glas Wasser, vielleicht aromatisiert mit ein paar Früchten, ein heißer Tee oder ein kurzer Spaziergang vertreiben Hungergefühl und Appetit.

Guter Schlaf

Während wir schlafen, passiert unglaublich viel in unserem Organismus. Unter anderem regenerieren die Muskeln, schafft das Gehirn neue Verknüpfungen und reguliert sich die Hormonproduktion. Das betrifft besonders das Insulin und die Sättigungs- und Appetithormone Leptin und Ghrelin. Im Schlaf ist auch das Immunsystem überaus aktiv, wodurch Infektionen besser bekämpft werden. Deshalb fühlen wir uns auch müde, wenn eine Erkältung oder ein grippaler Infekt nahen – unser Körper will in Ruhe sein Immunsystem starten.

Ganz besonders profitiert die Leber vom erholsamen Schlaf. Zwischen zwei und drei Uhr morgens baut sie die am Tag eingetroffenen Nährstoffe aus der Nahrung zu Immunzellen, Hormonen und Enzymen um, bildet neue Leberzellen und leitet Giftstoffe an Niere und Galle weiter, damit diese ausgeschieden werden.

Gerade der Tiefschlaf, meist innerhalb der ersten drei Stunden, ist ausschlaggebend für diese Aktivitäten. Gehen Sie am besten regelmäßig, möglichst spätestens gegen 23 Uhr zu Bett, damit Sie auf sieben bis neun Stunden Schlaf kommen. Vermeiden Sie es, tagsüber zu schlafen, damit Sie für den erholsamen Nachtschlaf auch müde genug sind.

Förderlich für guten Schlaf ist sicherlich Entspannung, die Ihnen aber auch sonst gut durch den Tag helfen kann. Statt stressbedingt Süßigkeiten oder andere Snacks zu konsumieren, nutzen Sie lieber kleine Entspannungsmomente zwischendurch: ein kurzer Spaziergang, eine kleine Meditation, was immer Ihnen guttut und hilft, Dinge gelassener zu sehen und etwas Abstand zu gewinnen. Dann klappt es auch besser mit den empfohlenen sieben bis neun Stunden Schlaf.

Mehr Bewegung

Sport, also Bewegung, gehört zu den wirksamen Mitteln, um übermäßiges Fett aus der Leber abzubauen. Ebenso wie bei der Ernährungsumstellung keine drastischen Maßnahmen verlangt werden, sind auch hier moderate Abläufe – gerade für Untrainierte – gefragt. 150 Minuten leichtes Gehen pro WOCHE, das sind nicht einmal 22 Minuten pro Tag, zügiges Gehen oder Radfahren kann leicht in den Alltag eingebaut werden. Und das kann bei der nichtalkoholischen Fettleber bereits bis zu 30 Prozent Fettabbau zusätzlich bringen.

Legen Sie möglichst viele Wege zu Fuß zurück, gehen Sie Umwege auf dem Weg zur oder von der Arbeit und kontrollieren Sie Ihre Aktivitäten in einem Tagebuch, mit einer Schrittzähler-App auf dem Smartphone oder mit einem Fitnessarmband, das es auch oft in preiswerten Ausführungen bei Discountern gibt.

Noch besser wäre natürlich, wenn Sie sich mit etwas schweißtreibenderen Aktivitäten anfreunden könnten, bei denen Atem- und Herzfrequenz gesteigert werden, wie zum Beispiel Walking, Radfahren, Schwimmen oder Tanzen. Krafttraining, um schlaffe Muskeln auf Vordermann zu bringen, wäre ideal. Das können Sie an Geräten im Fitnessstudio oder zu Hause mit einem TheraBand machen. Vielleicht gefallen Ihnen auch kleine, 15-minütige Trainingseinheiten, wie Sie ein TV-Sender morgens oder mittags anbietet. Suchen Sie für sich das heraus, was Ihnen gefällt und was Sie auch realistisch umsetzen können.

Gesundes Mikrobiom

Ist Ihr Darm nicht tipptopp in Form, nützt das ganze gesunde Essen nichts, denn er kann es nicht richtig verwerten und der Leber zuführen. Das bezieht sich nicht nur auf die Verdauung an sich, sondern vor allem auf die 30 bis 100 Billionen der guten und fleißigen Mikroorganismen, die jeden Darm besiedeln. Sie zerlegen die Nahrung und sorgen für ihren Transport an die jeweiligen Stellen im Körper. Sie ziehen Energie aus der Nahrung, sie regulieren den Salz- und Wassergehalt sowie den Hormonhaushalt. Darmbakterien bremsen unter anderem eine überaktive Schilddrüse oder halten das Stresshormon Cortisol in Zaum. 80 Prozent unserer Immunzellen befinden sich im Darm, 90 Prozent des Glückshormons Serotonin wird dort gebildet und 100 Millionen Nervenzellen halten Verbindung zum Gehirn. Diese »Darm-Hirn-Achse«, die Nervenbahn zwischen Verdauungstrakt und Gehirn, wird derzeit in zahlreichen Studien genauer untersucht. Fest steht schon jetzt, dass die Darmbakterien, das Mikrobiom, hormonähnliche Substanzen bilden, wodurch Informationen an das Gehirn gesendet werden.

Die Gesamtheit der Darmbakterien, das sind etwa 1 ½ Kilogramm, wird als Darmflora bezeichnet. Nur 1 Gramm Darminhalt enthält mehr Lebewesen, als Menschen auf der Erde sind. Heute nennen Wissenschaftler die Mischung aus Bakterien, Viren und Pilzen intestinales Mikrobiom. Leider können schon kleine Veränderungen in unserer Umwelt oder unserer Lebensweise große Störungen hervorrufen. Einseitige Ernährung, Stress, Medikamente – alles Störfaktoren, welche die Darmflora und damit auch die Leber aus dem Gleichgewicht bringen. Bemerkbar macht sich das durch Blähungen, Durchfall oder Verstopfung. Die langfristigen Folgen sind Entzündungen, Stoffwechselerkrankungen, Übergewicht und Leberprobleme.

Wenn wir die guten Bakterien im Darm so gut ernähren, dass sie sich vermehren können, sprechen wir von einer gesunden Darmflora. Einseitige Ernährung – womit auch immer – schmeckt den guten Darmbakterien überhaupt nicht, dafür den schlechten umso besser. Am liebsten haben Ihre Mikroorganismen die sogenannten Präbiotika und Probiotika.

Bei Probiotika handelt es sich um Bakterien, hauptsächlich Milchsäurebakterien und Hefen, die den Lebensraum der Darmbakterien verbessern und so für eine gesunde Darmflora sorgen. Als Lieferant dafür ist Sauerkraut bekannt – roh oder einlegt, jedoch nicht erhitzt, denn dabei werden die gesunden Inhaltsstoffe zerstört. Die nützlichen Milchsäurebakterien werden auch bei der Herstellung von Joghurt, Kefir oder Käse verwendet.

Weitaus wichtiger sind aber die Präbiotika. Sie regen das Wachstum der Bakterien im Darm an. Am bekanntesten sind die unverdaulichen Ballaststoffe (Oligofruktose und Inulin), wie sie in Vollkorn und Hülsenfrüchten vorkommen. Etwa 30 Gramm Ballaststoffe sollen wir täglich zu uns nehmen. Mehr zu den Ballaststoffen erfahren Sie ab Seite 34.

Was schadet der Leber?

Zucker

Zucker, damit ist hauptsächlich der weiße Haushaltszucker gemeint, wirkt in vielerlei Hinsicht negativ auf unseren Organismus: Er macht müde, antriebslos, depressiv und krank. Hoher Zuckerkonsum ruft Darmprobleme hervor, wird für Hautkrankheiten und Pilzbefall verantwortlich gemacht und kann Schlafstörungen und Immunschwäche verursachen.

Was macht dann den Zucker so begehrenswert? Er ist beteiligt an der Produktion des Glückshormons Serotonin – und damit birgt er auch ein gewisses Suchtpotenzial, das zu Insulinresistenz führen kann.

Besonders gefährlich ist Zucker, der sich in Fertigprodukten versteckt, in denen man ihn gar nicht vermutet. Fertigsoßen, Marinaden, Wurstwaren, Tütensuppen, fettreduzierte Milchprodukte – überall ist Zucker drin. Untersuchungen zufolge werden zwei Drittel allen Zuckers so konsumiert. Für die Leber am gefährlichsten ist dabei die Fruktose, hauptsächlich in Limonaden, Eistees oder Latte macchiato aus dem Kühlregal. Vermeiden Sie diese gezuckerten Produkte, wo immer es geht, denn sie setzen den für Sie schädlichen Insulinkreislauf in Bewegung und verhindern den Fettabbau.

Aber Achtung! Nicht alles, was süß ist, ist auch gleich schädlich. Die Fruktose, zusammen mit Glukose, in frischen Lebensmitteln wie Beeren und Gemüse und als komplexe Kohlenhydrate in Vollkornprodukten und Hülsenfrüchten ist unverzichtbarer Bestandteile einer gesunden Ernährung. 300 bis 400 Gramm Obst pro Tag sind nicht nur erlaubt, sondern erwünscht.

Vermeiden Sie ebenso künstliche Süßstoffe. Abgesehen davon, dass manche davon ohnehin in Kritik geraten sind, lösen auch sie eine Insulinreaktion aus, als hätten Sie richtigen Zucker zu sich genommen. Das gilt genauso für alle Arten von Diätlimonaden!

Sie werden in den Rezepten keinen weißen Zucker finden und keine Zuckerersatzstoffe wie Erythrit, Stevia oder künstliche Süßstoffe. Ausnahmsweise und in Maßen gesüßt werden kann mit Sirup, Honig, Rohrzucker oder Birkenzucker (Xylit), der allerdings industriell hergestellt wird. Vorsicht bei braunem Zucker: Oft ist es nur mit Melasse eingefärbter weißer Zucker. Für gute Laune sorgen ein paar (!) Trockenfrüchte, süße Beeren oder einfach nur der Geruch von Vanille.

Hier einige Beispiele für Zucker in Lebensmitteln je 100 Gramm beziehungsweise Milliliter:

Zuckergehalt in Lebensmitteln (pro 100 g/ml)	
Apfel	11
Apfelsaft	10
Butterkekse	45
Gummibärchen	45
Haferflocken	1
Heidelbeeren	5
Joghurt Natur 3,5 % Fett	5
Joghurt, Fruchtjoghurt	15
Ketchup	25
Krautsalat aus dem Glas	10
Müsliriegel	30
Nusscreme aus dem Glas	60
Schokoriegel	60
Softdrinks	10
Trockenobst	45
Tütensuppe	4

Auf den ersten Blick scheint Apfelsaft weniger Zucker zu enthalten als ein frischer Apfel. Bedenken Sie aber, dass man im Allgemeinen 250 Milliliter Apfelsaft trinkt, was bereits 25 Gramm Zucker bedeutet. Einen deutlichen Unterschied sehen Sie bei Joghurt und Fruchtjoghurt. Da sind Sie mit Naturjoghurt und 50 Gramm Obst besser dran und haben obendrauf noch die enthaltenen Vitamine. Dass in Ketchup und Krautsalat so viel Zucker steckt, hätte man wohl auch nicht vermutet.

Transfette und Konservierungsstoffe

Transfette oder teilweise gehärtete Öle werden verwendet, um Lebensmittel haltbarer zu machen. Sie stecken in Chips, Pommes, Soßen, Müsliriegeln, Fertiggerichten, Tütensuppen – praktisch in allen industriell gefertigten Lebensmitteln. Ärzte sprechen von »Killerfetten«, wenn es um diese künstlich gehärteten Fette geht. Denn je mehr diese die Zellen blockieren, desto schlechter wirkt das Hormon Insulin, Zucker (Glukose, Fruktose) gelangt nicht mehr in die Muskeln, um dort in Energie verwandelt zu werden. Dieser landet dann in der Leber, deren Glukosespeicher schon voll sind, weshalb sie den Zucker in Fett umwandelt und einlagert.

Am besten versuchen Sie, Transfette so gut es geht zu vermeiden. Zum Anbraten können Sie hitzebeständige kalt gepresste Pflanzenöle oder Bio-Kokosöl verwenden oder Pflanzenöle, die als Bratöl gekennzeichnet sind. Aber auch da können sich schädliche Fette bilden. Nämlich dann, wenn das Öl in der Pfanne zu rauchen beginnt. Bleiben Sie also am Herd stehen, wenn Sie Öl erhitzen, und geben Sie das Bratgut rechtzeitig in die Pfanne.

Konservierungsstoffe sind nicht generell schlecht. Sie machen Nahrungsmittel länger haltbar, etwa Schwefelverbindungen wie Sulfite (E 221 bis E 224 und E 226– bis E 228) und Schwefeldioxid (E 220) in Wein, Trockenfrüchten oder Kartoffelerzeugnissen, Natamycin (E 235) in Käserinde oder gepökelten Wurstwaren schützt vor Schimmelpilzen, Natriumnitrit (E 250) findet sich in Gepökeltem und Pasteten, Benzoesäure (E 210) in Limonaden und Marmeladen – alles Chemikalien, die zwar Nutzen bringen, in Mengen und miteinander aber die Leber stark belasten, denn all diese Konservierungsstoffe müssen entsorgt werden, was auf Dauer gesehen das Organ schwächt.

Gezielt gegen Fettleber vorgehen

Eine ganze Reihe von Gewürzen, die wir ohnehin in der Küche verwenden, helfen dabei, Ihre Leber zu stärken, ihr bei der Entgiftung zu helfen und das angesammelte Fett abzubauen.

Bauen Sie mindestsens eines davon, nach Belieben auch mehrere in ihre Mahlzeiten ein. Das schmeckt gut und unterstützt Ihren Genesungsprozess. Manche der Kräuter können auch getrocknet aus der Apotheke oder in besonderen Fällen als Kapsel eingenommen werden.

Ingwer

Ingwer stärkt das Immunsystem, der Bitterstoff Gingerol regt den Gallenfluss an. Es ist empfehlenswert, ab und zu eine walnussgroße Ingwerknolle klein gewürfelt mitzubraten oder -zukochen oder – gerade in der kalten Jahreszeit – einen Ingwertee aus 10 Gramm Ingwerscheiben und 250 Milliliter kochendem Wasser zu genießen. Bei aller wohltuenden Wirkung des Ingwers: Zu viel davon kann auch den Magen reizen. Wenn Sie Medikamente, insbesondere Blutverdünner, einnehmen, fragen Sie bitte Ihren Arzt, ob Ingwer gut für Sie ist.

Knoblauch

Dass Knoblauch Herz und Blutgefäße gesund hält, ist bekannt. Bei regelmäßiger Verwendung können die Inhaltsstoffe Allicin, Ajoen und Saponine den Cholesterinspiegel, den Blutfettspiegel und den Blutdruck senken, alles Voraussetzungen für eine gut funktionierende Leber. Knoblauch festigt die Zellwände der Leber und unterstützt sie bei der Reinigung – insbesondere von Schwermetallen wie Quecksilber und Kadmium.

Damit das Allicin im rohen Knoblauch verfügbar wird, muss die Zehe geschält, zerschnitten oder gequetscht werden. Öl, zum Beispiel bei mildem Anbraten, steigert die Wirksamkeit.

Koriander

Koriander sieht der glatten Petersilie zum Verwechseln ähnlich, schmeckt und riecht aber ganz anders. Genau wie diese hilft Koriander auch bei der Entgiftung, wobei es das Gewürzkraut besonders auf die Schwermetalle abgesehen hat. Ayurveda und die traditionelle chinesische Medizin setzen schon seit Langem auf die Heilkraft des Korianders. Die frischen Blätter machen sich gut im Salat, in Eiergerichten und können auch als Tee aufgegossen werden.

Die Koriandersamen gelten als wirkungsvoll gegen Entzündungen. Sie würzen Suppen und Gemüsegerichte und sind Bestandteil von Currymischungen.

Kurkuma

Der leuchtend orangegelbe Farbstoff der Gelbwurz, wie das Gewürz Kurkuma bei uns eigentlich heißt, gibt dem Curry seine Farbe. Curcumin ist der Wunderstoff im »indischen Gold«, dessen entzündungshemmende Wirkung wissenschaftlich nachgewiesen ist.

Die Gesundknolle gilt zudem als besonders wirksam für ein starkes Immunsystem und bekämpft sowohl Viren als auch Bakterien. Der Inhaltsstoff Curcumin unterstützt die Leber auf drei Arten: Es schützt als Antioxidans gegen Gifte, hilft, geschädigte Leberzellen zu regenerieren, und regt die Gallenproduktion an.

Zu viel des guten gelben Pulvers kann jedoch schaden. Es kann Kontraktionen auslösen, was in der Schwangerschaft gefährlich wäre. Verdünnung des Blutes wurde auch beobachtet, deshalb Vorsicht vor Operationen und wenn Sie ohnehin schon Blutverdünner einnehmen müssen. Sie müssten es allerdings schon sehr übertreiben – solange Sie nicht mehr als insgesamt ½ TL gemahlene Kurkuma täglich konsumieren, droht keine Gefahr. Nehmen Sie Kurkuma immer nur als Bio-Gewürzpulver oder frisch zu sich. Die Nahrungsergänzung in Kapseln könnte zu hoch dosiert sein, bedenkliche Stoffe zusätzlich enthalten oder zu Wechselwirkungen mit Medikamenten führen.

Frische Kurkuma, die aussieht wie kleiner Ingwer, gibt es mittlerweile in den Gemüseabteilungen vieler Supermärkte. Ein »Finger« entspricht dabei etwa ½ TL des getrockneten Pulvers.

Die Aufnahme des Inhaltsstoffes Curcumin wird um ein Vielfaches erhöht, wenn Kurkuma mit Öl und schwarzem Pfeffer kombiniert wird.

Beliebt ist Kurkuma als Zutat für die Golden Milk, die mit Leinöl und Ingwer noch weitere leberaktive Stoffe enthält.

Golden Milk

0,2g BAL

FÜR 2 PORTIONEN

PRO PORTION: 214 KCAL | 8,1 G E | 14,7 G F | 12,2 G KH, DAVON 12,2 G ZUCKER

ZUTATEN

- 1 Stück Ingwer (walnussgroß)
- 1 Kardamomkapsel (nach Belieben)
- 500 ml Vollmilch oder Mandeldrink
- 1 Prise schwarzer Pfeffer
- 1 TL Leinöl
- ½ TL gemahlene Kurkuma
- ½ Stange Zimt oder 1 Sternanis

1. Ingwer schälen und fein reiben. Kardamomkapsel, sofern verwendet, öffnen und die Samen mit der flachen Seite eines Messers zerdrücken.
2. Milch mit Pfeffer, Öl, Ingwer, Kardamom, Kurkuma und Zimt in einem kleinen Topf aufkochen lassen und anschließend bei geringer Hitze 3 Minuten sanft weiterköcheln lassen.
3. Milch etwas abkühlen lassen, dann durch ein Sieb in Gläser oder Tassen gießen und in kleinen Schlucken trinken.

Löwenzahn

Löwenzahn regt den Gallenfluss an und verbessert die Fähigkeit der Leber, Schadstoffe und Gifte auszuleiten. Er gilt daher neben der Mariendistel als DAS Mittel zur Entgiftung und Reinigung. Beim Abbau einer Fettleber ist Löwenzahn eine gute Ergänzung zu den übrigen diätischen Maßnahmen.

Frische Löwenzahnblätter bekommen Sie ab Mai bis September auf Wochenmärkten oder in Bioläden. Sie passen in Salate, Suppen und grüne Smoothies. Löwenzahn schmeckt recht bitter, was anfangs gewöhnungsbedürftig ist.

Achtung, wenn Sie noch nie Löwenzahn gekauft haben: Es kann passieren, dass Sie eine circa 50 Zentimeter hohe Staude bekommen. Das sind etwa 500 Gramm – also besser gleich mehrere Zubereitungsarten einplanen, zum Beispiel die Löwenzahnsuppe von Seite 84 oder das Löwenzahnpesto von Seite 178.

Wenn Sie Löwenzahn selbst pflücken wollen, machen Sie das bitte nur auf straßenfernen Wiesen oder im eigenen Garten und ernten Sie hauptsächlich die jungen Blätter. Im Stadtgebiet ist die Gefahr der Verunreinigung durch Umweltgifte und Pestizide leider zu groß.

Löwenzahntee

So können Sie Löwenzahn den Tag über genießen:

1 gehäuften TL getrocknete Blätter (Apotheke oder Reformhaus) oder 5 g frische klein geschnittene Blätter in einer Schüssel mit 250 ml kochendem Wasser übergießen. 10 Minuten ziehen lassen, dann durch ein Sieb abgießen. Tee abkühlen lassen und über den Tag verteilt in kleinen Schlucken trinken.

Mariendistel

Die Mariendistel ist wohl die bekannteste »Leberpflanze«. Der Wirkstoff Silymarin (auch Silibinin) ist so wirksam, dass er sogar bei Pilzvergiftungen eingesetzt wird – allerdings intravenös.

Beim normalen Gebrauch fördert Mariendistel die Regeneration der Leber und die Neubildung gesunder Leberzellen. Seit Jahrhunderten schon weiß man, dass die Pflanze Entzündungen hemmt, das Immunsystem anregt und antioxidativ wirkt. Die enthaltenen Bitterstoffe fördern überdies die Verdauung und sind gut für den Darm.

Auch für Menschen mit einer gesunden Leber kann Mariendistel hilfreich sein. Wenn zum Beispiel über längere Zeit Paracetamol eingenommen wird, eine Strahlentherapie durchgeführt wird oder zu viel Alkohol konsumiert wird.

Besonders wirksam ist Mariendistel in Kombination mit Artischocke und Löwenzahn, weil sich die enthaltenen Heilstoffe in ihren Wirkungen gegenseitig verstärken.

Zur leberschützenden Wirkung wird Mariendistel als arzneiliches Extrakt oder als Nahrungsergänzung in geringer Dosis eingenommen. Das sollten Sie aber mit Ihrem behandelnden Arzt besprechen.
Da die Mariendistel zur Familie der Korbblütler gehört, ist sie nichts für Allergiker.

Petersilie

Neben viel Vitamin C enthält Petersilie auch reichlich von dem Spurenelement Mangan, das die Leber bei ihrer Entgiftung unterstützt. Besonders wichtig ist dies bei alkoholbedingten Leberschäden, da der Alkohol Mangan aus dem Körper spült. Mit täglich nur 20 Gramm Petersilie (die Blätter von etwa zwei Stängeln) decken Sie schon die Hälfte des Tagesbedarfs an entzündungshemmendem Betacarotin. Petersilie wirkt außerdem harntreibend, was hilft, Schadstoffe auszuspülen. Dabei aber viel trinken! Auf Vorrat können Sie ein Petersilienpesto im Kühlschrank aufbewahren. Oder – wenn Sie einen leistungsstarken Mixer haben – Petersilienblätter als Basis für einen grünen Smoothie verwenden. Anregungen für grüne Smoothies finden Sie ab Seite 65.

Pfefferminze

Traditionell eine Heilpflanze für den Magen-Darm-Bereich, kann die Minze ebenfalls gut für die Leber sein. Ein Pfefferminztee wirkt entspannend, sodass sich die Gallengänge erweitern und Gallenflüssigkeit leichter abfließen kann. Genießen Sie den Tee aus frischen Blättern, die Sie einfach auf dem Balkon oder Fensterbrett anbauen und ernten können. Pfefferminze ist eine beliebte Zutat in Smoothies, Suppen und Salaten.

Vorsicht aber bei hoch dosierten Präparaten mit Pfefferminzöl aus der Apotheke oder Drogerie – das könnte zu viel des Guten sein. Achten Sie bei frischer Minze bitte auch auf kontrollierten Anbau und bei getrockneter auf eine vertrauenswürdige Quelle.

Rosmarin

Die mediterrane Staude, die auch auf unseren Balkonen und in unseren Gärten heimisch geworden ist und viele Gerichte so aromatisch macht, ist ein besonderer Leberfreund. Die Nadeln lassen mehr Gallenflüssigkeit entstehen, was der Leber beim Fettabbau hilft. Rosmarin passt in viele Eintöpfe und Ofengerichte, in denen ein bis zwei Zweige einfach mitgekocht oder -gebraten werden. Sie können Rosmarin aber auch als Tee (eventuell vermischt mit anderen Kräutern) genießen. Bauch- und Leberwickel oder Massage mit Rosmarinöl sind entspannend, stressmindernd und unterstützen den Fettabbau.

Schafgarbe

Schafgarbe ist ein bekanntes Heilmittel zur Unterstützung der Verdauungsorgane und der Leber. Ätherische Öle, Bitterstoffe und Flavonoide helfen der Leber beim Entgiften. Sie können Schafgarbe als Tee anwenden oder auch einen Leberwickel damit machen. Die beste Wirkung erzielt das getrocknete Kraut der Pflanze. Für 250 ml Tee nehmen Sie 2 TL vom getrockneten Kraut, übergießen es mit kochendem Wasser und lassen das Ganze 15 Minuten ziehen. Anschließend durch ein Sieb abseihen. Wenn Sie allergisch auf Korbblütler reagieren, ist Schafgarbe allerdings nichts für Sie.

Obwohl das weiß blühende Kraut bei uns sehr verbreitet ist, sollten Sie beim Selbstsammeln vorsichtig sein. Zum einen können die Pflanzen je nach Standort verunreinigt sein, zum anderen hat Schafgarbe sehr giftige Doppelgänger: Riesenbärenklau und Gefleckter Schierling. Besorgen Sie Schafgarbe also besser in der Apotheke oder einem Reformhaus.

So machen Sie einen Leberwickel

1. 1 EL Rosmarinnadeln in einer Schüssel mit 250 ml kochendem Wasser übergießen und 10 Minuten zugedeckt ziehen lassen. Anschließend durch ein Sieb in eine kleine Schüssel abgießen und etwas abkühlen lassen.
2. Eine heiße Wärmflasche vorbereiten und ein großes Handtuch zurechtlegen.
3. Das kleine Handtuch in den Rosmarinsud tauchen, auswringen und mit 5–10 Tropfen Rosmarinöl (Reformhaus) beträufeln.
4. Legen Sie sich gemütlich hin, geben Sie das Handtuch auf den unteren rechten Rippenbogen und darüber die Wärmflasche. Nun wickeln Sie das große Handtuch darüber, sodass die Wärmflasche fixiert ist. Etwa 30 Minuten einwirken lassen.

Besondere leberaktive Nährstoffe

Viele der in der Tabelle angeführten Nährstoffe werden auch in Drogerien oder Apotheken als Nahrungsergänzung angeboten. Nehmen Sie diese jedoch nicht ohne ärztliche Beratung ein, denn zu viel oder eine ungünstige Kombination dieser Substanzen kann Sie aus dem Gleichgewicht bringen. Eine natürliche Einnahme aus Gemüse, Kräutern und Obst kann aber gar nicht falsch sein oder überdosiert werden. Zudem liefert die vorwiegend pflanzliche Ernährung jede Menge an sekundären Pflanzenstoffen, Vitaminen und Mikronährstoffen, die durch noch so viele Kapseln und Pulver niemals nachgebaut werden können.

Leberaktive Nährstoffe

Wirkstoff	Wirkung	Vorkommen
Allicin (eine Aminosäure)	Wirkt antibakteriell, hält Blutgefäße elastisch. Zusammen mit Selen fördert Allicin die Ausscheidung von Giftstoffen und aktiviert Leberenzyme.	Frisch gepresster oder gehackter Knoblauch.
Anthocyane (Pflanzenfarbstoff)	Besonders antioxidativ (gegen Sauerstoffradikale), entzündungshemmend, gut für Herz und Blutgefäße, schützt DNA.	Rotes, violettes, blaues Gemüse und Obst: Auberginen, Artischocken, rote Zwiebeln, Heidelbeeren, Schwarze Johannisbeeren, Holunder.
B-Vitamine (B_6, B_9, B_{12})	Man unterscheidet 8 verschiedene B-Vitamine. Drei davon können bei Fettleber helfen: Vitamin B_6 (Pyridoxin), B_9 (Folsäure) und B_{12} (Cobalamin). Diese drei werden zum Abbau des zellschädigenden Homocystein benötigt, das durch die Stresshormone Adrenalin und Noradrenalin gebildet wird.	Alle B-Vitamine sind in tierischen Produkten, besonders in Leber, enthalten – ausreichend allerdings nur, wenn die Tiere artgerecht gehalten wuden. Außerdem noch in Vollkornprodukten. B_6 in Linsen, grünen Bohnen und Feldsalat, B_9 in grünem Blattgemüse und Kohl, B_{12} in Fisch, Camembert, Gorgonzola und Hefe.

Dosierung frischer Produkte	Anmerkungen
1–2 Zehen. Die Knolle sollte frei von Trieben sein, sonst ist der Knoblauch nicht mehr frisch und schmeckt bitter.	Vorsicht bei Einnahme von Knoblauchtabletten oder -saft: Die Wirkung von Blutverdünnern kann sich verstärken.
Vom dunkel gefärbten Gemüse können Sie essen, soviel Sie mögen.	Beim Obst ist Vorsicht geboten: Es enthält neben all seinen gesunden Stoffen auch Fruchtzucker – der wird allerdings in frischen Früchten erst bei wirklich großen Mengen gefährlich. Süßes Obst in Portionen auf einmal essen, nicht in kleinen Häppchen zwischendurch.
Bei einer abwechslungsreichen Ernährung nehmen Sie genügend dieser Vitamine zu sich. Selbst bei einem erhöhten Bedarf kann der regelmäßige Verzehr von Vollkornprodukten, Linsen und vor allem grünem Gemüse sowie ab und zu Rinderleber oder einem Stück Fisch hilfreich sein.	Vitamin-B-Nahrungsergänzung NUR bei im Blutbild nachgewiesenen Mangelerscheinungen oder hohen Homocysteinwerten und auf Anraten des Arztes einnehmen. Zu viel davon kann unter Umständen Krebs auslösen.

Leberaktive Nährstoffe		
Wirkstoff	**Wirkung**	**Vorkommen**
Carnitin	Eigentlich L-Carnitin. Fördert den Energie- und Fettstoffwechsel. Es sorgt für die Verbrennung von Fettsäuren in den Zellen. Hohe Leberwerte können sich verbessern. Die Leber kann es auch selbst aus den Aminosäuren Lysin und Methionin, Vitamin C, Eisen und einigen B-Vitaminen produzieren.	Rindleisch, Schweinefleisch und Lamm. Pflanzlich in Brokkoli und Pilzen, hauptsächlich Pfifferlingen. Meist wird der Tagesbedarf schon problemlos durch die lebereigene Herstellung gedeckt.
Cholin	Aus Cholin stellt die Leber Lezithin her, welches die Regenerationsfähigkeit verbessert und beim Abtransport von Fetten aus der Leber hilft. Bevor die Leber kein Cholin verfügbar hat – was unweigerlich zur Verfettung führen würde –, stellt sie dieses aus Methionin meistens selbst her.	Es gibt nur wenige Lebensmittel, die Cholin enthalten. Das sind vor allem Eigelb (100 mg), Rinderleber, Fisch, aber auch Kürbiskerne und Cashewkerne.
Curcumin (Pflanzenfarbstoff)	Wirkt sehr entzündungshemmend, gut fürs Immunsystem und für die Verdauung. Kann die Leberwerte bei Fettleber verbessern.	Kurkuma (Gelbwurz) gibt es frisch oder gemahlen. Große Mengen davon befinden sich in Currypulvern.
Cystein	Cystein ist die Schwefelquelle für unseren Organismus. Der Körper stellt es u. a. aus Methionin selbst her. Es hilft bei der Entgiftung der Leber, indem es Schwermetalle, insbesondere Kupfer, ausleitet. Außerdem ist Cystein ein Teil des Glutathions, welches Leber und Gehirn vor Schädigungen durch Umweltgifte, Alkohol und Drogen schützt.	In vielen proteinreichen Lebensmitteln: Lachs, Krustentiere, Geflügel, Rindfleisch, Cashewkerne, Mais, Milchprodukte, Vollkorn und ungeschältem Reis.
Glucan (Beta-Glucan)	Ist ein Ballaststoffe, der dem Darm besonders guttut. Glucan sorgt auch dafür, dass aus dem Cholesterin in der Leber neue Gallensäure gebildet wird.	Das meiste Glucan kommt in Hafer und Gerste vor, nämlich 4 g pro 100 g. Weitere Lieferanten sind Algen, japanische Pilze und Hefe.
Glukoraphanin (Senfölglykosid)	Vereinfacht als Senföle bekannt. Sie sind nicht nur Entgiftungszauberer! Sie wirken außerdem antioxidativ, antibakteriell und -viral und entzündungshemmend.	Brokkoli, Blumenkohl und alle anderen Kohlsorten, Kresse, Rettich, Rucola, Raps, Senf.

Dosierung frischer Produkte	Anmerkungen
Wenn Sie genügend Eisen, Vitamin C und Proteine zu sich nehmen, dosieren Sie gerade richtig.	Sportler nehmen gerne zusätzliches L-Carnitin zu sich. Sie sollten aber die Einnahme mit dem Arzt besprechen! Bei gleichzeitig gestörter Darmflora könnte sich der Zustand der Leber verschlechtern.
Mit 100 g Leber oder 1 Ei könnten Sie den Tagesbedarf decken.	Bei gleichzeitiger Nierenerkrankung keinesfalls Nahrungsergänzungsmittel ohne Absprache mit dem Arzt einnehmen! Eine Überdosis Cholin durch zusätzliche Einnahme ist giftig!
Durch Zugabe von schwarzem Pfeffer 20-fach erhöhte Bioverfügbarkeit.	Ein Zuviel an Kurkuma kann bei manchen Menschen zu Verdauungsbeschwerden, z. B. Blähungen, führen.
0,5–1 g täglich nehmen Sie spielend mit einer ausgewogenen Ernährung zu sich. Nur bei sehr einseitiger Ernährung oder drastischer Kalorienreduktion könnte ein Mangel auftreten.	Bei Überdosierung, insbesondere durch Nahrungsergänzungsmittel, kommt es zu Müdigkeit, Übelkeit oder Schwindel. Die Insulinwirkung kann gestört werden und es kann ein Mangel an den Spurenelementen Kobalt, Kupfer und Mangan auftreten.
3 g Beta-Glucan pro Tag wären gut, um der Leber zu helfen. In 20 g Haferflocken oder 10 g Haferkleie ist etwa 1 g enthalten.	Bauen Sie ein Haferprodukt – Flocken, Kleie, Grütze, aber auch ganze Körner – möglichst täglich in Ihren Speiseplan ein. Leber und Figur werden es Ihnen danken. Hafer enthält zwar jede Menge Kohlenhydrate, die gehen aber besonders langsam ins Blut über.
So viel wie beliebt. In Brokkolisprossen 10-mal höherer Wirkstoffgehalt!	Alle Kohlsorten und ganz besonders Brokkoli helfen Ihrer Leber beim Fettabbau. Verwenden Sie diese daher so oft wie möglich. Sie finden in allen Rezeptkategorien Anregungen zur Zubereitung.

Leberaktive Nährstoffe		
Wirkstoff	**Wirkung**	**Vorkommen**
Glutathion	Schützt vor freien Radikalten und hilft bei der Bekämpfung von Viren und bei der Entgiftung. Glutathion wird von der Leber aus Glutaminsäure, Cystein und Glycin selbst hergestellt.	Für die körpereigene Glutathionbildung sind Magnesium, Selen und Proteine wichtig. Diese Stoffe gibt es u. a. in Nüssen (Paranüsse für Selen!) und Milchprodukten. Besonders das Molkeprotein ist ein hochwertiges Nahrungsmittel.
Indol	Hilft, Fetteinlagerungen in der Leber abzubauen, und lindert chronische Entzündungen. Indol wird von den »guten« Darmbakterien produziert (beim Abbau der Aminosäure Tryptophan), weshalb es so wichig ist, neben der Leber auch den Darm zu pflegen.	In allen Kreuzblütengewächsen, also allen Kohlsorten, besonders Brokkoli und Rosenkohl. Außerdem in Rettich, Radieschen, Meerrettich, Rucola und Löwenzahn.
Inulin	Ist ein Präbiotikum, welches das Wachstum der nützlichen Bakterien im Darm anregt. Es beeinflusst damit die Blutfettwerte und unterstützt die Leberfunktionen.	Der Ballaststoff kommt in Vollkornprodukten und Hülsenfrüchten vor. Einige Gemüse haben ebenfalls reichlich davon: Topinambur, Süßkartoffel, Artischocken, Chicorée und Pastinaken.
Methionin	Hilft der Leber gegen übermäßige Fetteinlagerung. Zusammen mit Zink auch bei der Entgiftung von Schwermetallen (besonders Blei) nützlich. Ist beteiligt an der Herstellung von Glutathion und Cystein.	Methionin kommt in vielen Lebensmitteln vor. Reichlich in: Lachs, Geflügel, Nüssen, Emmentaler.
Omega-3-Fettsäuren	Leberschutzfette. Entzündungshemmend, schützen Zellen und senken Blutfettwerte. Gerade Menschen mit Fettleber sind oft schlecht mit Omega-3-Fettsäuren versorgt. In einem frühen Stadium können Schädigungen eingedämmt und die Leberwerte, besonders Triglyzeride, verbessert werden.	Lachs, Hering, Makrele, Sardellen, Thunfisch – also hauptsächlich in fetten Fischen. Auch in Leinsamen, Walnüssen und natürlich in kalt gepressten Pflanzenölen.
Polyphenole	Ist der Überbegriff für die sekundären Pflanzenfarbstoffe: z. B. Betanin, Flavonoide, Phenolsäure, Resveratrol oder Anthozyane. Sie wirken u. a. gegen Entzündungen, regulieren den Blutdruck und schützen vor den freien Radikalen.	Die Farb- und Geschmacksstoffe kommen in allen Pflanzen vor und haben je nach Farbe unterschiedliche Schwerpunkte bei den Inhaltsstoffen.

Dosierung frischer Produkte	Anmerkungen
Im Sinne einer guten Glutathionversorgung sollten Sie öfter mal Rohkost zu sich nehmen, da dieses beim Erhitzen und Pasteurisieren weitgehend verschwindet. Rohe Äpfel haben z. B. 3,3 mg pro 100 g, Apfelsaft gar keines mehr – es sei denn, Sie pressen selbst.	Je schlechter insgesamt der Gesundheitszustand ist, desto niedriger der Glutathionspiegel. Es ist allerdings umstritten, ob das eingenommene Glutathion tatsächlich im Organismus ankommt. Wenn der Arzt bei Ihnen einen Mangel feststellt, wird er Ihnen die geeigneten Maßnahmen empfehlen.
Wenn Sie Ihren Darmbakterien Gutes tun wollen, damit sie verlässlich Indol produzieren, essen Sie möglichst täglich Probiotika. Das sind Milchsäurebakterien in fermentierten Lebensmitteln. Joghurt, Kefir, Sauerkraut, saure Gurken, Apfelessig – sie finden diese in vielen unserer Rezepte.	Indol kommt in der Natur reichlich vor, sodass es nicht nötig ist, dieses aus Nahrungsergänzungsmitteln zu beziehen. Höher dosiertes Indol nur auf Anraten Ihres Arztes für bestimmte Therapien.
So viel wie möglich. Wenn Sie Darmprobleme, beispielsweise eine Entzündung, haben oder nicht an Ballaststoffe gewöhnt sind, langsam herantasten. Dafür finden Sie bei unseren Rezepten die Angaben zu den enthaltenen Ballaststoffen als Orientierung.	Inulin kann einer Fettleber schon vorbeugen! Deshalb, auch wenn Sie schon geheilt sind: Essen Sie weiter möglichst ballaststoff- und damit inulinreich.
Bei ausgewogener Ernährung mit ausgereiften Früchten kaum ein Mangel möglich.	Bei einigen Erkrankungen kann ein Mehrbedarf bestehen, zum Beispiel bei Depressionen, Harnwegsinfektionen, Leberentzündungen oder Parkinson – ob dann Bedarf an Nahrungsergänzung gegeben ist, regelt Ihr Arzt.
Die Omega-3-Fettsäuren sind essenzielle Fettsäuren, das heißt, wir müssen sie mit der Nahrung zu uns nehmen. Sie sind lebensnotwendig für zahlreiche Vorgänge im Organismus. Wenn Sie Leinöl für Ihre Salate verwenden und ab und zu fetten Fisch zu sich nehmen, tun Sie genug für Ihre Versorgung.	1 TL Fisch- oder Algenöl kann zusätzlich vor einer Mahlzeit eingenommen werden, wenn Sie nicht sicher sind, genügend Omega-3 zu sich zu nehmen. Nahrungsergänzungsmittel in Kapselform sind bei ausgewogener Ernährung nicht nötig.
Eine gute Mischung macht die Wirkung! Also essen Sie so bunt wie möglich und bringen Sie abwechselnd rotes, gelbes oder dunkles Obst und Gemüse auf den Teller. Je mehr, desto besser!	Ein besonderes Polyphenol ist Hydroxytyrosol, ein Bestandteil des Olivenöls, für das sogar in der Werbung die Aussage »zum Schutz der Blutfette vor oxidativem Stress« erlaubt ist. Die guten Inhaltsstoffe finden Sie auch in ganzen Oliven.

Leberaktive Nährstoffe		
Wirkstoff	**Wirkung**	**Vorkommen**
Probiotika	Zur Diagnose Fettleber kommt oft auch eine Störung der Darmflora, des Mikrobioms, sodass wichtige Mikronährstoffe nicht gut aufgenommen werden. Probiotika verbessern Ihre Darmflora und verhindern, dass Bakterien und Schadstoffe vom Darm ins Blut gelangen. Das entlastet die kranke Leber. Probiotika bestehen hauptsächlich aus Milchsäurebakterien oder Hefen.	Naturjoghurt, Kefir, Käse, Skyr, rohes (nicht erhitztes) Sauerkraut, saure Gurken, Kimchi, Apfelessig (naturtrüb).
Selen	Wichtiges Antioxidans, welches die Leber schützt. Außerdem entzündungshemmend und gegen Verfettung und Fibrose in der Leber.	Fleisch, Fisch und Leber sind gute Lieferanten. Nüsse (besonders Paranüsse), Linsen und Eier enthalten ebenfalls Selen. Im Alten Land wurde eigens ein selenhaltiger Apfel gezüchtet: Selstar.
Taurin	Braucht die Leber, damit Cholesterin und andere Fette ausgeschieden werden. Außerdem bindet und entgiftet Taurin die Leber von Chemikalien und Medikamenten. Taurin unterstützt auch die Galle bei der Ausschüttung von Bilirubin.	Taurin wird aus den Aminosäuren Methionin und Cystein in der Leber selbst hergestellt. Von zusätzlichem Taurin in Fleisch, Fisch, Geflügel und Muscheln kann die Leber profitieren.
Vitamin E (Tocopherol)	Schützt und regeneriert die Leber und kann somit auch die Entfettung der Leber unterstützen. Es handelt sich um ein fettlösliches Vitamin, das heißt, es kann nur in Verbindung mit Fett aufgenommen werden.	Vitamin E steckt in Pflanzenölen (immer nur kalt gepresst!), Kernen, Saaten und Nüssen. Auch in einigen Gemüsesorten ist Vitamin E enthalten: Süßkartoffel, Avocado (viel!), Paprika und sogar in Schwarzen Johannisbeeren. Das meiste Vitamin E steckt in Weizenkeimöl: 150 mg/100 g.
Zink	Leber und Nieren brauchen Zink, um Schwermetalle zu entsorgen. Zink ist an mehr als 300 Enzymen beteiligt – es wird praktisch (fast) überall im Organismus benötigt.	Gut ist, dass Zink auch vielfältig in der Natur vorkommt, sodass es nicht schwierig ist, sich damit zu versorgen. Enthalten in allen grünen Gemüsen, Blattsalaten, Tomaten, Kartoffeln, Möhren, in getrockneten Hülsenfrüchten, Emmentaler, Haferflocken, Fisch, Eiern und Milchprodukten.

Dosierung frischer Produkte	Anmerkungen
Bio-Naturjoghurt ist die beste aller Probiotika-Quellen. 1 Becher (150 g) hilft Ihrem Darm schon enorm. Die reichhaltigsten Käsesorten sind Gouda, Mozzarella, Parmesan, Gruyère und Cheddar. Merke: je älter der Käse, desto probiotischer.	Beachten Sie, dass nur frisches Sauerkraut Milchsäurebakterien enthält. Pasteurisiertes aus Dose, Beutel oder Glas ist schon erhitzt und damit für Ihren Darm nicht relevant. Quark, obwohl Milchprodukt, ist nicht probiotisch – er wird nicht mit Milchsäurebakterien, sondern mit Labenzymen hergestellt.
Den Tagesbedarf decken Sie am besten mit 3 (nicht mehr) Paranüssen täglich.	Als Nahrungsergänzung sollten Sie Selen nur nehmen, wenn im Blut Selenmangel festgestellt wurde. Diesen jedoch auch besser mit natürlichen Nahrungsmitteln ausgleichen. Vergiftungsgefahr bei Überdosierung.
Mit proteinhaltiger Ernährung nehmen Sie genügend Taurin zu sich. Für Vegetarier und Veganer könnte die Versorgung schwieriger sein, da es in Pflanzen nicht vorkommt.	Eine Unterversorgung droht nur, wenn auch Cystein, Metheonin und Vitamin B nicht verfügbar sind. Nahrungsergänzungsmittel oder der Genuss von taurinhaltiger Limonade machen daher keinen Sinn.
Mit 1–2 EL kalt gepresstem Pflanzenöl oder 1 Handvoll Nüssen pro Tag nehmen Sie genügend Vitamin E auf.	Als Nahrungsergänzungsmittel ist eine unkontrollierte Einnahme nicht empfehlenswert, da es zu Überdosierungen kommen kann, was bei Aufnahme durch die Nahrung nicht passiert. Mikronährstoffexperten raten höchstens zu einer zeitlich begrenzten Vitamin-E-Kur. Diese soll allerdings wegen der hohen Dosierung nur vom Arzt verordnet werden.
Essen Sie frische, selbst zubereitete Lebensmittel, dann haben Sie keine Probleme mit der Zinkversorgung.	Eine Überdosierung – auch wenn Zink ein so hohes natürliches Vorkommen hat – ist eigentlich nur bei zusätzlicher Einnahme möglich. Sie merken dann einen metallischen Geschmack auf der Zunge, haben Bauchschmerzen, Übelkeit und Durchfall. Suchen Sie sofort Ihren Arzt auf, wenn das passiert.

Was und wie Sie jetzt essen sollten

10 Tipps

- Essen Sie eher weniger als zu viel, auch wenn Sie Normalgewicht haben. Das bedeutet Urlaub für Darm und Leber.
- Verzehren Sie wenig Fleisch von Tieren aus artgerechter Haltung.
- Nehmen Sie gute kalt gepresste Öle wie Olivenöl, Lein- und Nussöle in Maßen zu sich.
- Essen Sie viel Gemüse, besonders grünes.
- Gewöhnen Sie sich an den Geschmack von Bitterstoffen. Sie sind ein Elixier für Ihre Leber.
- Essen Sie »grünes Protein« in Form von Hülsenfrüchten, Hafer, Pilzen und Nüssen.
- Achten Sie auf viele Ballaststoffe. Dabei hilft Ihnen das »Bal« bei unseren Rezepten. 30 g täglich sollten es sein.
- Obst sollen Sie verzehren, aber in Maßen. Besser nur morgens und mittags und als Obst in Stücken, nicht als Getränk.
- Erwägen Sie einen Hafertag pro Woche, siehe Seite 8.
- Verzichten Sie auf besonders Schädliches: Alkohol, Süßes, Fast Food, industriell hergestelltes Essen, Medikamente (wenn verzichtbar), Nikotin.

Ballaststoffe

Wasserlösliche Ballaststoffe

Wasserlösliche Ballaststoffe binden Wasser, quellen im Darm auf und werden daher auch als Quellstoffe bezeichnet. Das sorgt für ein größeres Stuhlvolumen, wodurch gleichzeitig der Nahrungsbrei schneller durch den Darm transportiert wird. Damit diese Ballaststoffe gut wirken können, ist es sehr wichtig, viel zu trinken – etwa 1 ½ bis 2 Liter Flüssigkeit täglich. Das wichtigste Merkmal der wasserlöslichen Ballaststoffe ist, dass sie den Darmbakterien als Nahrung dienen. Der »Ballast« baut somit eine gesunde Darmflora, das Mikrobiom, auf, was gleichzeitig gegen Entzündungen wirksam ist.

Pektin ist einer dieser Quellstoffe, der hauptsächlich in Obst vorkommt. Sie kennen Pektin sicher als Zutat im Gelierzucker beim Marmeladekochen. Der Quellstoff bindet die Flüssigkeit (auch im Darm) und macht den Inhalt schön gleitfähig, wie Gelee.

Zu den wasserlöslichen Ballaststoffen zählen auch die Oligosaccharide (Mehrfachzucker). Sie stecken hauptsächlich in Kohlenhydraten aus Hülsenfrüchten und gehören zur großen Familie der Präbiotika. Diese fördern die Darmschmeichler Bifido- und Milchsäurebakterien.

Auch Inulin ist ein wasserlöslicher Ballaststoff, ebenfalls mit präbiotischer Wirkung, das heißt, er füttert die »guten« Darmbakterien. Inulin gilt als so wünschenswert in der Ernährung, dass es zum Beispiel Müsliriegeln, Backwaren und Fruchtsäften zugesetzt wird. Besser ist sicherlich, wenn Sie die Nahrungsmittel, die Inulin enthalten, verwenden. Das sind hauptsächlich Lauchgewächse, Wurzelgemüse, Chicorée, Hülsenfrüchte oder Bananen, welche gleichzeitig auch Faserstoffe beinhalten.

Weil die wasserlöslichen Ballaststoffe von der Darmflora fermentiert werden, wirken sie auch präbiotisch, das heißt, sie ernähren und verbessern die Darmflora.

Reichlich lösliche Ballaststoffe finden Sie in Obst, besonders Äpfeln, Birnen, Aprikosen und Heidelbeeren. Weiterhin in allen Hafer- und Gersteprodukten, in Leinsamen und Chiasamen sowie in Geliermitteln wie Agar-Agar und Flohsamenschalen.

Wasserunlösliche Ballaststoffe

Damit sind hauptsächlich Zellulose und Lignin gemeint, das in den Pflanzen als Stützmaterial vorhanden ist. Diese Ballaststoffe werden auch als Faserstoffe bezeichnet. Sie quellen ebenfalls im Darm auf, binden aber weniger Wasser als die wasserlöslichen. Sie tragen maßgeblich zur Erhöhung des Stuhlvolumens bei und regen die Darmbewegung an. Dadurch sind sie eine große Hilfe gegen Verstopfungen. Sie werden aber im Darm nicht ab- oder umgebaut, sondern passieren ihn tatsächlich unverändert und unverdaut, haben somit auch keine Kalorien. Obwohl diese Fasern für die Ernährung unseres Organismus keine Bedeutung haben (das sind andere Teile der Pflanzen), brauchen wir sie. Schon im Magen sind Fasern hilfreich, weil sie dort den Speisebrei verdicken, die Magenentleerung verzögern und so für längere Sättigung sorgen.

Da in Lebensmitteln meist beide Arten der Ballaststoffe vorkommen, finden Sie die wasserunlöslichen auch in Bohnen, Kartoffeln, Getreide und Getreideprodukten, hauptsächlich aber in Roggen.

Resistente Stärke

In ihrer wichtigen Bedeutung noch nicht so lange bekannt ist die sogenannte resistente Stärke. Sie gleicht in ihrer Wirkung den wasserunlöslichen Ballaststoffen und kommt hauptsächlich in stärkehaltigen Lebensmitteln (Kartoffeln, Nudeln, Reis) vor, die gekocht und 24 Stunden lang wieder abgekühlt wurden. In dieser Ruhezeit verändert die Stärke ihre chemische Struktur: Sie wird für den Menschen unverdaulich, aber für die Milchsäurebakterien im Dickdarm zu einem Leckerbissen. Diese verwandeln nämlich die resistente Stärke zu Butyrat (Buttersäure), einer wohltuenden Fettsäure. Sie ist sehr hilfreich für die Darmgesundheit und das Mikrobiom im Allgemeinen. Durch Butyrat wird das Wachstum von Bifidobakterien und Laktobazillen (Probiotika) angeregt.

Nützlich ist Butyrat aber besonders bei Entzündungen, Diabetes und Herz-Kreislauf-Erkrankungen und bei Übergewicht, denn die Kohlenhydrate vom Vortag haben wegen der unverdaulichen Ballaststoffe weniger Kalorien. Neben abgekühlten Kartoffeln, Reis und Teigwaren sind auch gegarte Hülsenfrüchte, Haferflocken und nicht zu reife Bananen gut für die Versorgung mit resistenten Stärken.

Bitterstoffe

Bitterstoffe regen die Verdauung an und sind wirksam gegen Heißhungerattacken und Lust auf Süßes. Sie sind in vielen Pflanzen zum Schutz gegen ihre Fraßfeinde enthalten. Im Grund schützen sich die Pflanzen dadurch auch vor uns, denn Bitteres zu essen ist nicht jedermanns Sache. Aber selbst in kleinen Dosen – manchen Pflanzen wie Radicchio oder Grünkohl wurde das bittere Übermaß weggezüchtet – sind die Bitterstoffe nützlich.

Chicorée, Rucola, Grapefruit, Brokkoli, Grünkohl und andere Kohlsorten sind nicht nur antioxidativ, sie sind gerade wegen ihrer Bitterstoffe auch starke Fettverbrenner.

Für die Gallenblase sind Bitterstoffe lebenswichtig, da sie sonst keine Gallenflüssigkeit bilden kann. Zu wenig Bitterstoffe in der Ernährung führt zu Verdauungsproblemen und schwächt den Stoffwechsel. Wenn Sie es nicht schaffen, genügend Bitterstoffe zu sich zu nehmen, greifen Sie ergänzend zu Tropfen aus dem Reformhaus oder Bioladen.

Die Wirkung der Bitterstoffe auf unsere Verdauung erfolgt sofort in dem Moment, in dem sie unsere Zunge dort berühren, wo die Rezeptoren dafür sind. Die Aufnahme stimuliert Leber, Magen, Gallenblase und Bauchspeicheldrüse.

Fette: Ja, aber die richtigen

Man würde meinen, je weniger Fett, desto besser für Gesundheit, Gewichtskontrolle und Abbau der Fettleber. Das ist allerdings falsch und gilt nur für Transfette in Fertigprodukten und chemisch extrahierte »raffinierte« Öle.

Unser Körper braucht Fette, zum Beispiel, um Zellwände elastisch zu halten. Sie sind Bausteine für Hormone, die Vitamine A, D, E und K werden nur zusammen mit Fett aufgenommen und gespeichert. Nicht zuletzt verlangsamen Nahrungsfette die Aufnahme von Gluko-

se ins Blut, was bei Insulinresistenz sehr wichtig ist. Ungesättigte und mehrfach ungesättigte Fettsäuren, unter anderem in kalt gepressten Ölen wie Olivenöl, Rapsöl, Leinöl, Nussölen, fettem Fisch und Avocado, können Sie getrost reichlich zu sich nehmen.

In Salaten sollten Sie Leinöl und Nussöle bevorzugen. Lein- und andere Samen sowie Nüsse wirken besser als jede Nahrungsergänzung. Besonders Leinöl und die Avocado sind hervorragende Fettquellen.

Auch in Fleisch von artgerecht gehaltenen Tieren sind neben hochwertigen Proteinen viele Omega-3-Fettsäuren enthalten, und das in einem günstigen Verhältnis zu Omega-6-Fettsäuren. Empfohlen werden ein Teil Omega-3 zu drei Teilen Omega 6. Also maximal 35-mal so viel Omega-6- wie Omega-3-Fettsäuren. In der gegenwärtigen durchschnittlichen Ernährung liegt das Verhältnis mit 1 zu 10 und bisweilen bis zu 1 zu 30 deutlich höher. Der Überschuss entsteht durch zu viel raffiniertes, billiges Öl und industrielle Transfette.

Polyphenole

Bioaktiv wirken die Polyphenole, die Farb- und Aromastoffe der Pflanzen, welche auch sekundäre Pflanzenstoffe oder Pflanzenfarbstoffe genannt werden. Sie kommen in Obst, hauptsächlich Beerenobst, eher bitteren Gemüsesorten und Nüssen vor.

Diese Lebensmittel enthalten gleichzeitig besonders viele der Mikrobiom-fördernden Ballaststoffe und helfen außerdem, den Säurewert im Darm zu senken. Davon profitiert auch das Oberentgiftungsorgan Leber. Polyphenole helfen bei der Aktivierung der Leberzellen, um Entzündungen und oxidativen Stress zu beseitigen.

Flavonoide

Flavonoide sind eine Untergruppe der Polyphenole, also auch sekundäre Pflanzenstoffe. Es gibt sie in vielen Obstsorten (zum Beispiel in Äpfeln, Birnen, Beerenobst, Kirschen und Pflaumen) sowie einigen Gemüsesorten (zum Beispiel in Grünkohl, Zwiebeln und Auberginen). Besonders bekannt ist ihr Vorkommen in schwarzem und grünem Tee, in Kakao und in Rotwein.

Die Bioflavonoide der Früchte des Kakaobaums (Epicatechin und Catechin) schützen die Blutgefäße und reduzieren das Risiko von Herz-Kreislauf-Erkrankungen. Epicatechin stärkt zudem das Gedächtnis und wirkt auf den Insulinstoffwechsel.

Schwach entöltes Kakaopulver enthält zudem mehr als 500 Milligramm Magnesium pro 100 Gramm. Als Trinkschokolade oder als Zugabe im Smoothie können Sie schon einen Teil Ihres Tagesbedarfs (300 bis 400 Milligramm bei Erwachsenen, je nach Alter und Tätigkeit) decken.

Erhalten bleiben die wertvollen Stoffe, wenn die Bohnen nicht geröstet, sondern sanft, nicht heißer als 42 Grad Celsius fermentiert werden. Unter der Bezeichnung »Kakao in Rohkostqualität« oder »Rohkakao« finden Sie solchen schonend behandelten Kakao im Handel.

Die gesundheitliche Wirkung reiner Schokolade ist so hoch, dass man darauf nicht ganz verzichten sollte. Dunkle Schokolade enthält etwa gleich viel Bioflavonoide wie grüner Tee. Wenn Sie also Schokolade mit mindestens 70 Prozent Kakaogehalt in kleinen Mengen genießen, brauchen Sie kein schlechtes Gewissen zu haben.

Proteine

Proteine (Eiweiß) sind lebenswichtige Bausteine für alle Zellen, Hormone und Enzyme. Ohne Proteine fehlt das Transportsystem für Vitamine, Spurenelemente und Sauerstoff im Blut. Auch das Immunsystem ist dringend auf Proteine zum Bau von Antikörpern angewiesen. Da der Körper die Proteine weder herstellen noch sie speichern kann, müssen sie – am besten täglich – mit der Nahrung aufgenommen werden.

Fleisch, ein wichtiger Eiweißträger, sollte nur von artgerecht gehaltenen Tieren stammen. Das wirkt sich zwar nicht so stark auf die Verträglichkeit des Proteins aus, jedoch sehr auf die Fettzusammensetzung und damit auf den gesundheitlichen Wert.

Das Argument, Biofleisch oder Fleisch von artgerecht gehaltenen Tieren wäre viel zu teuer, zählt nicht! Niemand muss täglich Fleisch essen. Und erst recht nicht Billigfleisch! Ein- bis zweimal pro Woche hochwertiges Fleisch belastet keinen Geldbeutel zusätzlich und macht Ihre Mahlzeiten zu etwas Besonderem – wie früher der Sonntagsbraten. Alle roten Fleischsorten, insbesondere Schweinefleisch, werden als entzündungsfördernd und möglicherweise krebserregend eingestuft und sollten daher – auch weil die Tierhaltung problematisch für die Umwelt ist – äußerst selten gegessen werden. Fleisch von Rind und Lamm wird wegen des Eisengehalts in kleinen Mengen empfohlen. Auf jeden Fall aber ist Biogeflügel eine gute Wahl für die Proteinversorgung.

Fisch wie Kabeljau, Schellfisch oder Lachs enthält besonders leicht verdauliches und verwertbares Eiweiß und daneben auch reichlich Omega-3-Fettsäuren, die entzündungshemmend wirken. Wirkungsvoll ist Fisch selbst in Konserven, zum Beispiel Thunfisch – aber ohne Schnickschnack, sondern »Natur«, »naturell« oder »im eigenen Saft«.

Eier und Milchprodukte sind auch für Vegetarier akzeptable Proteinquellen.

Hülsenfrüchte, also Bohnen, Linsen, Kichererbsen und auch Tofu, sind die besten pflanzlichen Eiweißlieferanten. Für Veganer sind sie die wichtigsten Quellen.

Relativ viel Proteine enthalten auch Kürbis- und Sonnenblumenkerne, Haferflocken (!) und Vollkornprodukte. Grünes Gemüse weist ebenfalls pflanzliche Proteine (auch grünes Eiweiß genannt) auf und sollte – nicht nur – bei fleischloser Ernährung täglich mit auf den Tisch.

Wenn Sie über Ihre Ernährung nicht genügend Proteine zu sich nehmen, können Sie ergänzend zu Shakes auf Molke oder Buttermilchbasis greifen. (Rezeptvorschläge dazu finden Sie ab Seite 75.)

Senföle

Der in allen Kohlsorten enthaltene sekundäre Pflanzenstoff Sulphoraphan ist unter der Bezeichnung Senföl wahrscheinlich geläufiger. Er kommt aber nicht nur im Senf selbst vor, sondern reichlich in Kreuzblütengewächsen wie Brokkoli, Rosenkohl, Blumenkohl oder Radieschen. Senföle sind eine Wohltat für die Leber, tragen zur Entgiftung bei und fördern dadurch in besonderem Maße den Zellstoffwechsel. Gleichzeitig wirken die Senföle gegen Bakterien und Viren sowie entzündungshemmend.

Kochen Sie das Gemüse nicht in Wasser – es sei denn, Sie verwenden das Wasser zum Beispiel in Suppen mit. Ansonsten in einem Dampfgareinsatz dämpfen, sonst landen die Senföle und andere gute Inhaltsstoffe im Ausguss. Probieren Sie mal Brokkolisprossen (am besten selbst gezogen) – sie haben einen zehnmal höheren Wirkstoffgehalt und schmecken auch roh!

In dieser Tabelle können Sie sehen, in welchen Lebensmitteln die wichtigsten leberaktiven Stoffe enthalten sind. Bezüglich weiterer Mikronährstoffe informiert Sie die Tabelle »Leberaktive Nährstoffe« ab Seite 26. Zusätzliche Informationen gibt es bei vielen Rezepten im Infokasten.

Die wichtigsten Lebensmittel

	Ballaststoffe	Bitterstoffe	Gute Fette	Polyphenole	Proteine	Senföle	Probiotika
Auberginen		x		x			
Avocado			x				
Bohnen (Dose)	x				x		
Brokkoli				x		x	
Cashewkerne					x		
Chicorée	x					x	
Couscous	x				x		
Eier				x	x		
Erbsen	x			x	x		
Fisch			x		x		
Geflügel					x		
Granatapfel				x			
Grapefruit		x		x			

Die wichtigsten Lebensmittel

	Ballast-stoffe	Bitter-stoffe	Gute Fette	Poly-phenole	Proteine	Senföle	Probio-tika
Hafer							
Hartkäse (Emmentaler)							
Heidelbeeren und Beerenobst							
Hirse							
Kohl, alle Sorten							
Kürbiskerne							
Lachs u. a.							
Leber							
Leinöl							
Leinsamen							
Linsen							
Löwenzahnblätter							
Milch							
Möhren							
Molke							
Naturjoghurt							
Nüsse							
Parmesan							
Pastinaken							
Petersilie							
Pilze							
Quinoa							
Radicchio							
Radieschen							
Rote Bete							
Rucola							
Sauerkraut							
Spinat							
Süßkartoffel							
Weizenkeimöl							

In diesem Wochenplan, den Sie natürlich variieren können, werden Sie langsam an eine größere Menge an Ballaststoffen herangeführt. Genügend Ballaststoffe für einen gesunden Darm sind ein bedeutender Faktor für die Lebergesundheit. Eine große Menge der Ballaststoffe kommt aus den Haferzubereitungen morgens, wobei im Hafer auch reichlich Beta-Glucan vorhanden ist, das Ihrer Leber jetzt beim Entfetten hilft. Gleichzeitig mit den Ballaststoffen steigt langsam die tägliche Kalorienmenge an. Normalerweise sollten Sie während Ihrer Ernährungsumstellung auf 1500 bis 2000 kcal täglich kommen – je nachdem, ob Sie abnehmen müssen oder nur Gutes für Ihre Leber essen wollen. In allen Rezepten sind leberaktive Stoffe enthalten, besonders die notwendigen Bitterstoffe, zahlreiche Polyphenole und gutes Öl, welches das Fett aus Ihrer Leber vertreiben hilft.

Die vorgeschlagenen Suppenrezepte sind für jeweils vier Portionen vorgesehen. Wenn Sie die Suppen für sich allein zubereiten, können Sie die restlichen Portionen einfrieren. Die anderen Gerichte, außer der Haferkur zum Start, sind jeweils für zwei Portionen gedacht, gegebenenfalls können Sie die Mengenangaben halbieren.

Wochenplan

	morgens	**mittags**	**abends**	**kcal und Ballaststoffe pro Tag**
Tag 1	Haferkur zum Start	Lauchsuppe mit Kohlrabi	Rührei mit Lachs	821 kcal/12,0 g Bal
Tag 2	Haferkur zum Start	Erbsensuppe mit Minze	Omelett mit Pilzen	808 kcal/15,5 g Bal
Tag 3	Haferflockenmüsli	Linsensuppe mit Spinat	Gurken-Carpaccio mit Radieschen und Rucola	704 kcal/17,5 g Bal
Tag 4	Pancakes mit Hafermehl	Hafer-Bowl mit Avocado und Ei	Auberginen-Minipizza	1151 kcal/22,2 g Bal
Tag 5	Haferkur zum Start	Brokkolisuppe mit Pinienkernen	Fenchelsalat mit Grapefruit und Nüssen	1043 kcal/24,6 g Bal
Tag 6	Leinsamenpudding mit Beerenobst	Bratkartofeln mit Löwenzahn	Überbackene Auberginen mit Tomatenpüree	943 kcal/26,0 g Bal
Tag 7	Haferkur zum Start	Brokkoli-Pancakes	Gebackener Kohl mit Kräutern	1234 kcal/29,0 g Bal

Zum Umgang mit diesem Buch

Zusätzlich zu den bei Rezepten üblichen Nährwertangaben werden in diesem Buch auch die Ballaststoffe und der Zuckergehalt berücksichtigt. Denn zu wenig Ballaststoffe und zu viel Zucker sind mitverantwortlich für Ihren Leberzustand. Mit den Angaben dazu bekommen Sie einen Überblick.

Achten Sie bitte darauf, für wie viele Portionen das jeweilige Rezept konzipiert ist. Bei den meisten Rezepten sind zwei Portionen angegeben. Einige eignen sich gut zum Einfrieren, davon gibt es dann vier Portionen, andere Rezepte können Sie bei Bedarf entsprechend multiplizieren.

Gemüse wird, außer wenn es angebraten wird, gedämpft, da beim Kochen in Wasser, das weggeschüttet wird, zu viele der wertvollen Inhaltsstoffe verloren gehen.

Am besten verwenden Sie dafür einen sogenannten Dampfgareinsatz, auch als Gemüsedämpfer oder Dämpfkorb im Handel. Er passt sich der Topfgröße an und wird in Aluminium oder Kunststoff für wenig Geld in Kaufhäusern, Supermärkten und im Internet angeboten.

Die Backzeiten können je nach Hersteller Ihres Backofens variieren. Bei der Verwendung von Gasherden informieren Sie sich bitte in der Gebrauchsanleitung des Herstellers.

Nützlich für Smoothies ist ein Smoothie-Maker, den gibt es schon ab circa 20 Euro. Zum Pürieren von Suppen wäre ein Standmixer von Vorteil. Sie können aber auch mit einem Pürierstab (Stabmixer/Zauberstab) arbeiten – damit dauert es nur etwas länger.

Da einige grundsätzliche Dinge für alle Rezepte gelten, werden diese hier zusammengefasst:

- Bei Milch, Joghurt oder Quark werden immer die Vollmilchvarianten mit 3,5 Prozent (20 Prozent bei Quark) Fett vorgeschlagen. Sie enthalten etwas weniger Kohlenhydrate als fettarme Varianten. Deutlich höher hingegen ist der Gehalt an Vitamin A, E und D. Wählen Sie jedoch bevorzugt Frischmilch, homogenisierte Milch hat fast keine Vitamine mehr.
- Die Mengenangaben bei Gemüse und Obst beziehen sich auf ungeputzte Ware.
- Mit Zwiebel ist ein Exemplar von circa 100 Gramm gemeint. Kleine Zwiebeln haben etwa 75 Gramm, eine große Zwiebel 150 Gramm.
- 1 Esslöffel Öl schlägt bei den Nährwertberechnungen mit 15 Gramm zu Buche, 1 Teelöffel mit 5 Gramm.
- 1 Banane hat geschält etwa 100 Gramm.

- Paprikaschoten, von denen Sie viel essen können, sollten immer groß sein: 1 Schote entspricht 250 Gramm.
- 1 Lauchzwiebel hat etwa 25 Gramm. 4 können durch 1 Zwiebel ersetzt werden.
- 1 Stängel Petersilie wird mit 10 Gramm beziehungsweise 1 Esslöffel TK-Petersilie berechnet.
- Als Basis für Suppen oder Eintöpfe wird Gemüsebrühe als Fertigprodukt verwendet. Bevorzugen Sie bitte ein Bioprodukt ohne Hefe, Zucker und sonstige Zusatzstoffe. Dieses bekommen Sie auch in Supermärkten. Für 250 Milliliter Wasser benötigen Sie etwa 10 Gramm Pulver – das entspricht 1 gehäuften Teelöffel.

Bei jedem Rezept finden Sie ausführliche Nährwertangaben. »Kcal« steht hierbei für Kalorien, »E« für Eiweiß, »F« für Fett, »KH« für Kohlenhydrate und »Bal« für die Ballaststoffe. Alle Nährwerte in den Rezepten und Tabellen sind mit dem Rezeptrechner PRO by Choose your Level (https://www.chooseyourlevel.de/infos-zu/rezepterechner/) berechnet.

Ballaststoffreich zum Frühstück

Ballaststoffe, wie sie in Haferflocken, Hirse oder Quinoa enthalten sind, sorgen morgens schon dafür, dass Ihr Stoffwechsel in Schwung kommt.

Die Zuckerwerte mögen bei manchen Rezepten hoch erscheinen, aber das zugefügte Obst weist nun mal je nach Sorte mehr oder weniger Fruchtzucker auf. Dabei hat aber gerade Beerenobst viele wichtige Mikronährstoffe, die Ihre Leber jetzt braucht. Der weiße Haushaltszucker wird auf jeden Fall immer weggelassen.

Die Kalorienbringer Haferflocken, das Superfood Leinsamen und Nüsse machen keinesfalls dick, im Gegenteil, sie helfen beim Abnehmen. Ein Teil der Kohlenhydrate ist nämlich aus unverdaulichen Ballaststoffen, die lange gut satt machen, sodass Sie bis Mittag eigentlich keinen Hunger verspüren sollten. Ballaststoffe sind super für die Darmflora, sie hemmen die Fettspeicherung und verhindern hohe Blutzuckerwerte. Das entlastet die kranke Leber.

Da wir laut DGE (Deutsche Gesellschaft für Ernährung) ohnehin deutlich weniger als die empfohlenen 30 Gramm Ballaststoffe täglich zu uns nehmen, wäre es angebracht, gleich morgens damit anzufangen.

Wenn Sie allerdings morgens noch nicht essen wollen, weil Sie vielleicht in Eile oder gar nicht hungrig sind oder weil Sie gerade das Intervallfasten praktizieren und erst gegen Mittag Ihre erste Mahlzeit eingeplant haben: Das eine oder andere der folgenden Frühstücksrezepte kann auch gut als Lunch oder Nachtisch dienen.

Haferflockenmüsli

3,9g BAL

FÜR 2 PORTIONEN
PRO PORTION: 198 KCAL | 5,3 G E | 4,1 G F | 32,0 G KH, DAVON 18,0 G ZUCKER

ZUTATEN

- 40 g Haferflocken oder -schrot
- 100 ml lauwarmes Wasser
- 1 kleine Banane
- 1 mittelgroßer Apfel
- 20 g Trockenobst nach Belieben
- 20 g Kürbis- oder Sonnenblumenkerne

1. Haferflocken oder -schrot mit dem Wasser in eine Schüssel geben und 20 Minuten einweichen.
2. Banane schälen und in einer Schüssel mit einer Gabel zerdrücken. Apfel heiß waschen oder schälen, vierteln, das Kerngehäuse entfernen und das Fruchtfleisch klein würfeln.
3. Trockenobst – wenn erforderlich – in kleine Würfeln schneiden. Zusammen mit den Kürbiskernen und dem Obst unter die Haferflocken mischen.

INFO: Ob zum Frühstück oder als kleine Mahlzeit unterwegs, so bekommen Sie alle Vorteile des Hafers: Energie, Ausdauer, gutes Aussehen und eine schlanke Figur. Das Wichtigste aber: Hafer enthält Cholin und Beta-Glucan! Diese beiden regulieren den Stoffwechsel, wirken entgiftend und entfettend und sollten daher möglichst jeden Tag auf Ihrem Speiseplan stehen.

Grundrezept Birchermüsli

5,5g BAL

FÜR 2 PORTIONEN

PRO PORTION: 323 KCAL | 8,7 G E | 15,4 G F | 36,1 G KH, DAVON 14,4 G ZUCKER

ZUTATEN

60 g Haferflocken
40 g gemahlene Haselnüsse
250 ml Wasser
2 mittelgroße Äpfel
2 EL Zitronensaft
60 ml Vollmilch oder
60 g Naturjoghurt

1. Die Haferflocken und Haselnüsse mit dem Wasser in eine Schüssel geben und verrühren. Über Nacht im Kühlschrank quellen lassen.
2. Die Äpfel heiß waschen, entkernen und mit der Schale zu den Haferflocken reiben. (Alternativ in kleine Würfel schneiden.)
3. Zitronensaft unterrühren. Anschließend Milch oder Joghurt zugeben.

INFO: Das Birchermüsli ist die Urmutter aller Müslis. Erfunden hat es der Schweizer Arzt Max Bircher-Benner (1867–1939), der als Pionier einer vegetarischen Vollwerternährung gilt. Er ließ das Müsli zunächst abends in seiner Klinik servieren. Noch heute beziehen sich Kliniken und Heilpraktiker*innen auf seine Lehre. Die »Apfeldiätspeise«, wie Bircher-Benner das Müsli zunächst nannte, kommt mittlerweile in vielerlei Arten auf unsere Frühstückstische – ganz modern auch als sogenannte »Overnight Oats«.

TIPP: Zum Grundrezept für das Birchermüsli können Sie natürlich nach Belieben kleine Mengen Beeren, Trockenobst, andere Nüsse oder mehr Naturjoghurt geben. Ein Highlight für das Müsli sind geschmorte Äpfel als Topping. Einfach die Hälfte der Äpfel würfeln und in einer heißen beschichteten Pfanne mit 1 TL Butter schwenken, bis sie etwas gebräunt sind.

Möhren-Porridge mit Nüssen

5,2g BAL

FÜR 2 PORTIONEN

PRO PORTION: 383 KCAL | 15,5 G E | 16,9 G F | 39,8 G KH, DAVON 21,8 G ZUCKER

ZUTATEN

- 250 ml Vollmilch oder ungesüßter Mandeldrink
- 60 g Haferflocken
- 1 Prise Salz
- 20 g Rosinen
- 150 g Möhren
- 200 g Naturjoghurt
- 20 g grob gehackte Walnusskerne

1. Milch mit Haferflocken und Salz in einen kleinen Topf geben und aufkochen lassen. Vom Herd nehmen, die Hälfte der Rosinen unterrühren und die Mischung mindestens 15 Minuten quellen lassen. (Sie können die Haferflocken auch schon am Vorabend kochen und über Nacht quellen lassen.)
2. Die Möhren schälen, putzen und fein oder grob reiben. Mit dem Joghurt unter die Haferflocken rühren. Porridge auf 2 Schüsseln verteilen und mit den restlichen Rosinen und den Walnüssen bestreuen.

TIPP: Zur Abwechslung können Sie Flocken aus Gerste, Weizen oder Roggen verwenden, Sie finden diese und noch einige andere – auch in Mischungen – in Reformhäusern und Bioläden. Mit den Möhren zusammen machen sich Äpfel gut. Ersetzen Sie 100 g Möhren durch 1 eher säuerlichen mittelgroßen Apfel.

Das **Geheimnis für ein richtig gutes Porridge** ist langes Rühren – ähnlich wie bei Risotto. Noch aromatischer wird das Ganze, wenn Sie die Haferflocken zuvor etwas anrösten.

1. 1 TL Rapsöl in einem kleinen beschichteten Topf mild erhitzen. Haferflocken dazugeben und unter Rühren leicht anrösten.
2. Die Milch dazugießen, zum Kochen bringen und das Ganze bei reduzierter Hitze so lange unter Rühren köcheln, bis die gewünschte Konsistenz erreicht ist.

Das Porridge wird auf diese Art viel cremiger, als wenn Sie die Haferflocken einfach nur quellen lassen. Denn durch das Rühren wird Luft zugefügt, und das sorgt für die cremige Konsistenz. Wem das zu viel Mühe macht: Kochen Sie gleich mehrere Portionen vor und bewahren Sie sie im Kühlschrank auf. Vor Gebrauch einfach mit ein bisschen Milch oder Wasser aufwärmen.

Leinsamenpudding mit Beerenobst

11,2g BAL

FÜR 2 PORTIONEN

PRO PORTION: 355 KCAL | 13,2 G E | 23,8 G F | 16,4 G KH, DAVON, 13,3 G ZUCKER

ZUTATEN

50 g Leinsamen oder Leinsamenschrot
200 ml Vollmilch oder ungesüßter Mandeldrink
30 g Walnusskerne
150 g Beeren nach Belieben, z. B. Erdbeeren oder Heidelbeeren
100 g Naturjoghurt

1. Ganze Leinsamen zum Beispiel in einem Universalzerkleinerer nicht allzu fein schroten. In einer Schüssel mit der Milch verrühren und mindestens 8 Stunden, am besten über Nacht, im Kühlschrank quellen lassen. (Auch längere Quellzeiten sind okay – dann aber zwischendurch umrühren.)
2. Walnusskerne klein hacken. Die Beeren waschen, eventuell entstielen und – wenn erforderlich – in mundgerechte Stücke schneiden.
3. Leinsamenpudding mit Joghurt und den gehackten Walnüssen verrühren und die Beeren unterheben oder obenauf geben.

TIPP: Ganze Leinsamen halten länger als geschrotete, die schnell ranzig werden können. Allerdings können die Inhaltsstoffe bei der geschroteten Variante besser aufgenommen werden. Wenn Sie ganze Leinsamen vor der Zubereitung einige Minuten in lauwarmem Wasser vorquellen lassen, wird die Aufnahme der Inhaltsstoffe schon erheblich verbessert. Leinsamen sind eine vollwertige heimische Alternative zu den in Mode gekommenen Chiasamen, mit denen Sie den Pudding auf dieselbe Weise zubereiten können.
Das Rezept ist für zwei Portionen berechnet – Sie können aber gerne mehrere Gläschen des Puddings auf Vorrat zubereiten und in den Kühlschrank stellen. Wenn die Samen länger quellen, eventuell etwas Milch zufügen.

Birnen-Porridge

5,5g BAL

FÜR 2 PORTIONEN

PRO PORTION: 355 KCAL | 13,2 G E | 11,6 G F | 46,7 G KH, DAVON 26,5 G ZUCKER

ZUTATEN

350 ml Vollmilch
1 Prise Salz
70 g Haferflocken
½ TL gemahlener Zimt
1 Birne (200 g)
100 g Naturjoghurt

1. Die Milch mit dem Salz in einen kleinen Topf geben und aufkochen lassen.
2. Die Haferflocken einrühren und unter Rühren bei geringer Hitze 3 Minuten köcheln lassen. Den Zimt untermischen und das Porridge auf 2 kleine Schüsseln verteilen.
3. Die Birne heiß waschen, vierteln und das Kerngehäuse entfernen. Nach Belieben einen Teil in Spalten schneiden, den Rest klein würfeln.
4. Joghurt und Birnenwürfel mit dem Porridge vermischen, die restlichen Birnen obenauf geben.

TIPP: Verwenden Sie mal Erdmandelflocken statt Haferflocken – sie haben etwa doppelt so viele Ballaststoffe, die wesentlich an der Entgiftung der Leber beteiligt sind. Leider sind sie auch mindestens doppelt so teuer. Sie enthalten dafür aber auch viel Vitamin E, das gut für Ihre Leber ist. In Bioläden und Reformhäusern finden Sie außerdem noch verschiedene andere Flocken, zum Beispiel Dinkelflocken (viel Eiweiß), Reisflocken (viele B-Vitamine), Buchweizenflocken (Magnesium, Eisen) und Hirseflocken (Eiweiß, ungesättigte Fettsäuren). Probieren Sie aus, was Ihnen am besten schmeckt – für Ihre Leber sind jetzt alle gut.

Müsli mit karamellisierten Bananen

4,3g
BAL

FÜR 2 PORTIONEN

PRO PORTION: 337 KCAL | 9,8 G E | 14,5 G F | 40,1 G KH, DAVON 24,8 G ZUCKER

ZUTATEN

- 40 g Haferflocken
- 1 Prise Salz
- 75 ml Vollmilch
- 100 g Naturjoghurt
- 20 g ungeschälte Mandeln
- 2 kleine Bananen
- 10 g Butter
- 1 TL Rohrzucker
- gemahlener Zimt (optional)

TIPP: Wenn Sie die Haferflocken über Nacht im Kühlschrank quellen lassen, wird der Kontrast zwischen kaltem Müsli und heißen Bananen besonders reizvoll.

1. Die Haferflocken mit dem Salz und der Milch in eine Schüssel geben und mindestens 30 Minuten – besser noch über Nacht – quellen lassen.
2. Den Joghurt unter den Haferbrei rühren.
3. Die Mandeln hacken. Die Bananen schälen und längs halbieren.
4. Butter in einer beschichteten kleinen Pfanne bei milder Hitze schmelzen und die Bananen mit der gerundeten Seite nach unten hineinlegen und leicht anbraten. Wenden, den Zucker in die Pfanne und über die Bananen streuen und so lange weiterbraten, bis der Zucker geschmolzen ist.
5. Haferflocken auf 2 flache Schüsseln verteilen, Bananen darauf anrichten und mit den gehackten Mandeln und – nach Belieben – etwas Zimt bestreuen.

INFO: Rohrzucker hat nur geringfügige Unterschiede gegenüber dem zu Recht verpönten weißen Haushaltszucker. Er hat schon von Natur aus einen leichten Karamellgeschmack, enthält außerdem geringe Mengen an Mineralstoffen und Vitaminen. Er sollte nicht verwechselt werden mit dem handelsüblichen braunen Zucker! Dieser ist Haushaltszucker, dem nach der Raffinade Zuckersirup (Melasse) zugefügt wurde. Übrigens: Auch Honig oder Sirup, die gerne zum Süßen anstelle von Zucker empfohlen werden, sind nichts weiter als flüssiger Zucker. Wenn Sie ab und zu 1 EL Rohrzucker verwenden, geht die Welt nicht unter. Wichtig ist, den ständigen und unkontrollierten Zuckerkonsum zu vermeiden.

Hirse-Porridge mit Kürbis

2,7g BAL

FÜR 2 PORTIONEN

PRO PORTION: 292 KCAL | 10,6 G E | 4,1 G F | 52,0 G KH, DAVON 10,5 G ZUCKER

ZUTATEN

- 100 g Hirse
- 1 Prise Salz
- 300 ml Wasser
- 200 g Hokkaidokürbis
- 150 g Naturjoghurt
- 2 TL Honig (optional)

1. Hirse in ein Sieb schütten, heiß abbrausen und zusammen mit Salz und Wasser in einen kleinen Topf geben. Bei milder Hitze (es soll nicht sprudelnd kochen) 10 Minuten garen.
2. In der Zwischenzeit die Kürbisschale reinigen (sie wird mitverwendet). Kürbis putzen und entkernen und das Fruchtfleisch in kleine Würfel schneiden oder auf der groben Seite der Reibe zerkleinern.
3. Kürbis zur Hirse geben und weitere 8–10 Minuten garen, bis der Kürbis weich ist. Topf vom Herd nehmen.
4. Den Joghurt einrühren, das Porridge nach Belieben mit Honig süßen und auf 2 Schüsseln verteilen.

INFO: Hirse ist kein Getreide, sondern stammt aus der Familie der Süßgräser. Sie enthält – neben Eiweiß und ungesättigten Fettsäuren – Mineralstoffe, besonders Magnesium, Eisen und Silizium. Die runden Körner sind entweder als Hirse, Goldhirse (entspelzt und damit bekömmlicher) oder Braunhirse (diese meist geschrotet) im Handel. Hirse ist mit 3,2 g Faseranteil pro 100 g sehr ballaststoffreich. Sie kann süß oder salzig zubereitet werden.

Erdbeeren mit Hafercookies

3,9g
BAL

FÜR 2 PORTIONEN

PRO PORTION: 325 KCAL | 10,2 G E | 15,6 G F | 34,1 G KH, DAVON 10,8 G ZUCKER

ZUTATEN

- 150 g Erdbeeren oder anderes Beerenobst
- 1 EL Zitronensaft
- 100 g Haferkekse (Fertigprodukt, ersatzweise 80 g Instant-Haferflocken)
- etwas gemahlener Zimt (optional)
- 300 g griechischer Naturjoghurt (10 % Fett)
- einige Minzeblätter (optional)

1. Die Erdbeeren behutsam waschen und entstielen. Die Hälfte der Früchte in einer Schüssel mit einer Gabel zerdrücken, mit Zitronensaft beträufeln und ziehen lassen. Die restlichen Erdbeeren halbieren oder vierteln.
2. Die Haferkekse zerbröseln, nach Belieben mit Zimt vermischen und auf 2 Gläser verteilen. ⅔ des Joghurts einfüllen, das Erdbeerpüree darübergeben und mit dem restlichen Joghurt bedecken. Mit den übrigen Erdbeeren und Minzeblättern garnieren.

INFO: Instant-Haferflocken, auch als Schmelzflocken im Handel, sind hauchdünn ausgewalzte Flocken, die sich schnell in kalten oder warmen Flüssigkeiten auflösen. Kein Einweichen, kein Kochen nötig – einfach nur druntermischen oder drüberstreuen.

TIPP: Wenn etwas übrig bleibt, einfach mit Milch oder Haferdrink im Mixer zu einem Smoothie aufschlagen.

Quinoa-Porridge mit Leinsamen

11,4g
BAL

FÜR 2 PORTIONEN

PRO PORTION: 392 KCAL | 11,9 G E | 16,3 G F | 44,6 G KH, DAVON 17,1 G ZUCKER

ZUTATEN

1 Vanilleschote
100 g rohe bunte Quinoa
25 g Leinsamenschrot
200 ml Vollmilch oder ungesüßter Haferdrink
150 g Heidelbeeren
1 kleine Banane
30 g Walnusskerne

1. Die Vanilleschote längs halbieren und das Mark mit einem Messer herauskratzen. Quinoa in ein Sieb geben und heiß abbrausen.
2. Vanillemark und -schote, Leinsamenschrot, Quinoa und Milch in einem kleinen Topf zum Kochen bringen. Anschließend 15 Minuten zugedeckt bei geringer Hitze quellen lassen, bis ein Großteil der Flüssigkeit aufgesogen ist. Vanilleschote entfernen und den Topf vom Herd nehmen.
3. Die Heidelbeeren behutsam waschen, verlesen, eventuell vorhandene Stiele entfernen und Beeren gut abtropfen lassen. Die Banane schälen und in Scheiben schneiden.
4. Die Walnusskerne grob hacken und – nach Belieben – in einer beschichteten Pfanne ohne Fett anrösten.
5. Porridge in 2 Schüsseln füllen und Nüsse, Heidelbeeren und Bananenscheiben obenauf verteilen.

TIPP: Das Porridge schmeckt auch kalt. Sie können gleich 4 Portionen auf Vorrat zubereiten, es hält sich zugedeckt einige Tage im Kühlschrank. Die Früchte obenauf können Sie nach Geschmack und Saison variieren.

INFO: Quinoa kann die Leberwerte und auch Entzündungen des Organs verbessern. Eisen, Magnesium und Mangan sind nur drei der vielen wichtigen Nährstoffe, die das Pseudogetreide enthält. Zudem liefert Quinoa alle acht essenziellen Aminosäuren, ist also eine äußerst hochwertige Eiweißquelle.
Bei der hellen Quinoa wird die äußere Schale entfernt, was zu kurzen Kochzeiten beiträgt. Rote Quinoa ist gut für das Immunsystem, da sie viele Antioxidantien enthält. Sie bleibt auch nach dem Kochen knackig und eignet sich besonders gut als Topping auf Salaten. Die schwarze Quinoa gilt als stark entzündungshemmend und ist damit besonders bei einer angegriffenen Leber zu empfehlen. Die meisten Supermärke haben Quinoa in ihren Regalen. Wollen Sie hinsichtlich der Herkunft sichergehen, kaufen Sie die Körner im Biomarkt oder Reformhaus, wo sie auch Mischungen aus den drei Sorten erhalten.

INFO: Mit 30 g Fett (davon viel Omega-3-Fettsäuren), 25 g Eiweiß, 35 g Ballaststoffen, 323 mg Magnesium, 85 mg Eisen und 1 ½ mg Zink pro 100 g sind die kleinen braunen Körnchen gute Leberschmeichler! Wichtig, wenn Sie Leinsamen Ihrer Nahrung zufügen: den Tag über verteilt viel trinken. Denn ob im Ganzen oder geschrotet, Leinsamen brauchen Flüssigkeit, um im Darm zu quellen und die wohltuenden Schleimstoffe zu entwickeln.

Pancakes mit Hafermehl

6,3g BAL

FÜR 2 PORTIONEN

PRO PORTION: 292 KCAL | 11,6 G E | 13,1 G F | 29,1 G KH, DAVON 6,9 G ZUCKER

ZUTATEN

- 100 ml Vollmilch
- 1 Prise Salz
- 1 Ei, Größe M
- 75 g Bio-Hafermehl oder Vollkornmehl (Type 1050)
- 1 TL Flohsamenschalen
- 100 g gemischte Beeren
- 70–100 ml stilles Mineralwasser oder Leitungswasser
- 2 TL Rapsöl
- 2 EL Naturjoghurt oder saure Sahne

1. Milch, Salz und Ei in einer Schüssel mit dem Handrührgerät gut verquirlen.
2. Hafermehl und Flohsamenschalen unterrühren und den Teig anschließend 20 Minuten quellen lassen.
3. Währenddessen die Beeren waschen, eventuell entstielen und klein schneiden.
4. Nach und nach das Wasser mit dem Handrührgerät in den Teig rühren, bis dieser dickflüssig und geschmeidig ist.
5. In einer großen beschichteten Pfanne (ca. 25 cm Bodendurchmesser) 1 TL Öl erhitzen. Mit einer Schöpfkelle Teig für 4 Pancakes hineingeben und diese etwa 2 Minuten backen, bis sich an der Oberfläche kleine Löcher zeigen. Pancakes wenden und in 1 Minute goldgelb fertig backen. (Wer nur eine kleine Pfanne hat, kann die Pancakes auch einzeln backen).
6. Pancakes mit dem Naturjoghurt beträufeln und mit den Beeren garnieren.

TIPP: Für eine salzige Variante der Pancakes verwenden Sie zum Beispiel 150 g Champignons und 1 EL fein gehackte Kräuter. Die Champignons putzen, in Scheiben schneiden und mit den Kräutern in 1 EL Rapsöl scharf anbraten. Dann die Pancakes damit belegen.

INFO: Es gibt Bio-Bratöle, die aus geschälten Raps- oder Sonnenblumenkernen kalt gepresst werden. Durch die anschließende Behandlung mit Wasserdampf entsteht ein mildes, butteriges Aroma. Diese speziellen Öle sind reich an ungesättigten Fettsäuren und hoch erhitzbar. Sie erhalten sie in Bioläden, Reformhäusern und gut sortierten Supermärkten. Diese Bratöle gibt es von verschiedenen Herstellern, sie wurden speziell für die gesunde Ernährung, aber auch für die Gourmetküche entwickelt.

Smoothies, aber ohne Zucker

Das breiige Obst und Gemüse ist prinzipiell so vitamin- und nährstoffreich, als würden Sie es unverarbeitet essen. Die Fruktosewarnung gilt in erster Linie den Fruchtsäften, dem entsafteten Obst. Ein Smoothie gibt aber ein abwechslungsreiches Geschmackserlebnis, wenn verschiedene Komponenten im Glas vermischt sind. Vor allem, wenn Sie Ihre Smoothies selbst und frisch zubereiten, wobei Zucker, Sirup oder Honig darin nichts zu suchen haben. Wichtig ist, dass die Zutaten lediglich püriert, nicht entsaftet werden. Denn das würde den Früchten die wichtigen sekundären Pflanzenstoffe und Ballaststoffe weitgehend entziehen.

Smoothies können als Ersatz oder Ergänzung zu einer Mahlzeit getrunken werden – je nachdem, wie kalorienreich sie ausfallen. Unsere Auswahl ist auf jeden Fall voll mit lebergesunden Inhaltsstoffen.

Hilfreich zur Zubereitung ist ein guter Standmixer, ein Stabmixer mit Becherglas oder auch einfach nur ein Smoothie-Maker, den Sie ab circa 20 Euro bekommen.

Die meisten Vitamine haben Obst und Gemüse natürlich, wenn sie frisch vom Markt kommen. Im Winter können (starker Mixer vorausgesetzt) auch tiefgekühlte Gemüse und Beeren verwendet werden.

Damit die Vitamine A, D, E und K vom Körper aufgenommen werden, wird Fett benötigt. Wenn Sie nicht ohnehin Milchprodukte, fetthaltige Nüsse oder Avocado als Zutat verwenden, mixen Sie einen Tropfen Öl mit, das genügt, um diese fettlöslichen Vitamine zu mobilisieren.

Radieschen-Buttermilch mit Kresse

1,5g BAL

FÜR 2 PORTIONEN

PRO PORTION: 72 KCAL | 6,3 G E | 1,0 G F | 8,4 G KH, DAVON 8,0 G ZUCKER

ZUTATEN

- 150 g Radieschen (geputzt gewogen)
- ½ Kästchen Gartenkresse
- 300 ml Buttermilch
- Salz
- 1–2 EL Apfelessig (optional)

1. Radieschen waschen und putzen. Kresse abbrausen, gut trocken schütteln und mit einer Schere vom Vlies schneiden. Einige Blättchen beiseitelegen.
2. Radieschen klein schneiden und mit Buttermilch und Kresse in einem Mixer oder Smoothie-Maker 40–60 Sekunden fein pürieren. Mit Salz – und nach Belieben Apfelessig – abschmecken.
3. Den Smoothie in 2 Gläser füllen und mit den restlichen Kresseblättchen garniert genießen.

INFO: Nicht nur die Proteine der Buttermilch, auch Senföl, das in Radieschen und Kresse enthalten ist, aktiviert die Enzyme des Stoffwechsels, die für Entgiftung sorgen. Die Senföle wirken auch antibakteriell, gegen Entzündungen und gegen die Glukoseneubildung in der Leber.

Rote-Bete-Smoothie mit Petersilie

4,5g BAL

FÜR 2 PORTIONEN
PRO PORTION: 207 KCAL | 5,1 G E | 9,6 G F | 22,7 G KH, DAVON 15,5 G ZUCKER

ZUTATEN

- 1 kleiner Apfel
- 2 Stängel glatte Petersilie
- 200 g Rote Bete (vorgekocht und eingeschweißt)
- 40 g ungesalzene Cashewkerne
- ½ TL Kümmel
- 200 ml stilles Mineralwasser

INFO: Die bioaktiven Inhaltsstoffe Betain, Nitrat und Betanin sind wichtige Helfer für Ihre Lebergesundheit. Betanin, der rote Pflanzenfarbstoff, senkt die Blutfettwerte UND den Blutzuckerspiegel. Betain wird von der Leber auch selbst hergestellt. Das Betanin in der Nahrung unterstützt Sie dabei. Nitrat hilft schon zur Vorbeugung, umso mehr aber zum Erhalt der Leberfunktionen. Um unerwünschte Nebenwirkungen durch das enthaltene Oxalat auszuschließen, sollte Rote Bete nur gekocht verwendet werden.

1. Den Apfel heiß waschen (die Schale wird mitverwendet), achteln und das Kerngehäuse entfernen. Die Petersilie waschen, trocken schütteln und die Blätter von den Stängeln zupfen. Die Rote Bete in Würfel scheiden. Die Cashewkerne hacken.
2. Apfel, Rote Bete, Cashews, Kümmel, Wasser und Petersilie (einige Blättchen nach Belieben zur Dekoration aufheben) in einen Mixer oder Smoothie-Maker geben und etwa 1 Minute fein pürieren.
3. Den Smoothie in 2 Gläser füllen, nach Belieben mit mehr Wasser verdünnen und mit den Petersilienblättchen garniert servieren.

TIPP: Um gleich morgens Ihrem Stoffwechsel und damit Ihrer Leber Gutes zu tun, können Sie dem Smoothie noch 1–2 EL oder mehr Apfelessig zufügen.

Petersilien-Gurken-Smoothie

3,4g BAL

FÜR 2 PORTIONEN

PRO PORTION: 84 KCAL | 1,6 G E | 0,4 G F | 17,2 G KH, DAVON 12,9 G ZUCKER

ZUTATEN

- 40 g Petersilie
- 2 kleine Äpfel
- 100 g Salatgurke
- 1 Stück Ingwer (haselnussgroß, nach Belieben auch mehr)
- 2 EL Zitronensaft
- 150 ml stilles Mineralwasser
- 1 Tropfen Raps- oder Olivenöl

1. Die Petersilie waschen, trocken schütteln und die Blätter von den Stängeln zupfen. Die Äpfel heiß waschen (die Schale wird mitverwendet), vierteln, die Kerngehäuse entfernen und das Fruchtfleisch klein schneiden. Gurke heiß waschen und klein schneiden. Den Ingwer schälen und in sehr kleine Würfel schneiden oder auf einer Reibe zerkleinern.
2. Alle vorbereiteten Zutaten mit Zitronensaft und etwas Wasser in den Mixer oder Smoothie-Maker geben und 30–40 Sekunden fein pürieren. Das restliche Wasser dazugeben, den Smoothie auf 2 Gläser verteilen und nach Belieben weiter verdünnen.

TIPP: Sie können die Petersilie auch mit jedem anderen Gewürzkraut, das Ihnen schmeckt, mischen, zum Beispiel mit Basilikum, Thymian oder den Blättern des Staudenselleries.

INFO: In Petersilie ist viel Mangan enthalten, und das unterstützt Ihre Leber dabei, Vergiftungen loszuwerden. Mit 20 g Petersilie täglich versorgen Sie Ihren Organismus außerdem mit ausreichend Antioxidantien, decken schon 20 Prozent Ihres Bedarfs an Vitamin A und die Hälfte des Betacarotins. Chlorophyll, der grüne Pflanzenfarbstoff, hilft außerdem dabei, Schwermetalle wie Quecksilber auszuleiten.Ob Sie lieber krause oder glatte Petersilie verwenden, ist für die Wirkung egal.

Avocado mit Banane und Haferflocken

6,0g
BAL

FÜR 2 PORTIONEN

PRO PORTION: 365 KCAL | 10,8 G E | 25 G F | 21,1 G KH, DAVON 19,5 G ZUCKER

ZUTATEN

- 30 g Haferflocken
- 100 ml Vollmilch oder ungesüßter Mandeldrink
- 1 kleine Banane
- 1 kleine Avocado (ca. 150 g)
- ½ Zitrone
- 300 g Naturjoghurt

1. Die Haferflocken in einer kleinen beschichteten Pfanne ohne Öl goldgelb rösten. Dann in einer Schüssel mit der Milch verrühren und 10–15 Minuten quellen lassen.
2. Die Banane schälen und in Scheiben schneiden. Die Avocado längs halbieren, den Kern entfernen und das Fruchtfleisch mit einem Löffel aus der Schale heben.
3. Etwa 2 EL Avocado in kleine Würfel schneiden, mit 1 EL Zitronensaft beträufeln und zum Garnieren beiseitestellen.
4. Restliche Avocado, Bananen und Joghurt mit der Haferflockenmilch vermischen und mit einem Mixer oder Smoothie-Maker 30 Sekunden fein pürieren.
5. Den Smoothie mit Zitronensaft abschmecken, auf 2 Gläser oder Schüsseln verteilen und mit den Avocadowürfeln bestreuen.

TIPP: Dieses ballaststoffreiche Frühstück ist zum Löffeln gedacht. Wenn Sie lieber einen Smoothie zum Trinken wollen: einfach mit mehr Milch oder Mandeldrink verdünnen.

Spinat-Birnen-Smoothie

4,5g
BAL

FÜR 2 PORTIONEN

PRO PORTION: 87 KCAL | 1,9 G E | 1,2 G F | 15,0 G KH, DAVON 9,5 G ZUCKER

ZUTATEN

- 75 g frischer, am besten junger Spinat
- 1 große Birne (ca. 150 g)
- 300 ml stilles Mineralwasser
- 20 g Haferkleie oder Haferflocken
- 1–2 Msp. gemahlene Kurkuma

1. Spinat waschen und gut abtropfen lassen. Birne heiß waschen (die Schale wird mitverwendet), vierteln, das Kerngehäuse entfernen und das Fruchtfleisch grob würfeln.
2. Spinat hacken und zusammen mit den übrigen Zutaten in einen Mixer oder Smoothie-Maker geben. 30 Sekunden mixen und nach Belieben mit mehr Wasser verdünnen.

TIPP: Sie können den Spinat-Birnen-Smoothie auch statt mit Wasser mit kaltem grünem Tee oder einem Milchgetränk zubereiten. Smoothiereste können Sie 1 Tag im Kühlschrank aufbewahren. Vor dem Trinken eventuell noch mal mit 2–3 Eiswürfeln aufmixen.

Rucola-Wassermelonen-Smoothie mit Banane

1,3g BAL

FÜR 2 PORTIONEN

PRO PORTION: 79 KCAL | 1,3 G E | 0,4 G F | 17,1 G KH, DAVON 13,5 G ZUCKER

ZUTATEN

20 g Rucola
1 Banane
150 g Wassermelone (geputzt gewogen)
250 ml stilles Mineralwasser
1 Tropfen Raps- oder Olivenöl
einige Heidelbeeren (optional)

1. Rucola waschen, verlesen und grob zerschneiden.
2. Banane schälen und in Scheiben schneiden. Melone schälen, die Kerne nach Möglichkeit entfernen und das Fruchtfleisch grob zerteilen.
3. Alle Zutaten in einen Mixer oder Smoothie-Maker geben und etwa 1 Minute fein pürieren.
4. Den Smoothie auf 2 Gläser verteilen und nach Belieben mit mehr Wasser verdünnen und mit einigen Heidelbeeren garnieren.

TIPP: Der Smoothie wird noch erfrischender, wenn Sie die Wassermelone im Kühlschrank aufbewahrt haben. Falls Ihnen Rucola (dessen Bitterstoffe durch Züchtung meist schon reduziert sind) zu bitter erscheint, mixen Sie ein paar Eiswürfel mit. Die Kälte hilft gegen Bittergeschmack. Die Bitterstoffe sind aber gerade ein Superelixier für Ihre Leber.

Gurken-Sellerie-Smoothie

4,3g BAL

FÜR 2 PORTIONEN

PRO PORTION: 129 KCAL | 2,8 G E | 8,9 G F | 7,2 G KH, DAVON 6,1 G ZUCKER

ZUTATEN

- 150 g Salatgurke
- 1–2 Stängel Staudensellerie (ca. 100 g)
- 2 Stängel glatte Petersilie
- 1 Grapefruit
- 10 g Leinsamen (ganz oder geschrotet)
- 1 Msp. gemahlene Kurkuma
- 1 EL Lein- oder Nussöl
- 100–200 ml stilles Mineralwasser
- 1 Stängel Sellerie mit Blättern zum Garnieren (optional)

1. Salatgurke heiß waschen und mit Schale und Kernen grob hacken. Staudensellerie waschen und in Stücke hacken. Petersilie waschen, trocken schütteln und zerkleinern. Die Grapefruit auspressen – das soll etwa 150 ml Saft ergeben.
2. Alle Zutaten in einen Mixer oder Smoothie-Maker geben und 40–60 Sekunden fein pürieren. Mit Wasser nach Belieben verdünnen. Den Smoothie auf 2 Gläser verteilen und nach Belieben mit Sellerie und Selleriegrün garnieren.

INFO: Grapefruit ist Ihnen zu herb? Nehmen Sie die mildere Pink Grapefruit oder verwenden Sie 1–2 frisch gepresste Orangen. Sie verzichten damit allerdings auf den Pflanzenstoff Naringin, der als Bitterstoff gut für die Leber ist. **VORSICHT!** Manche Arzneimittel vertragen sich genau mit diesem Stoff nicht. Lesen Sie bitte die Packungsbeilage, wenn Sie regelmäßig Medikamente einnehmen müssen.

Beerensmoothie

6,7g
BAL

FÜR 2 PORTIONEN

PRO PORTION: 138 KCAL | 5,1 G E | 5,1 G F | 15,1 G KH, DAVON 10,4 G ZUCKER

ZUTATEN

- 200 g Beeren, z. B. Heidelbeeren und Brombeeren
- 200 ml Vollmilch oder ungesüßter Mandeldrink
- 15 g Instant-Haferflocken oder Haferkleie
- 100–150 ml stilles Mineralwasser
- 1 Stängel frische Minze (optional)

1. Beeren behutsam waschen, verlesen, gegebenenfalls entstielen und abtropfen lassen.
2. Beeren mit Milch und Haferflocken in den Mixer oder Smoothie-Maker geben und in 30 Sekunden zu einem cremigen Drink mixen.
3. Den Smoothie in 2 Gläser füllen, mit Wasser nach Belieben verdünnen und eventuell mit einigen Minzeblättern garnieren.

INFO: Beeren zu essen ist so ziemlich das Beste, das Sie – nicht nur für Ihre Leber – tun können. Ganz oben stehen dabei die Heidelbeeren, deren Pflanzenfarbstoff Anthozyan einfach unschlagbar ist, wenn es darum geht, die Leber vor Einlagerungen von Fett zu schützen oder davon zu befreien. Dieser Pflanzenstoff findet sich reichlich auch in Brombeeren und dunklen Johannisbeeren. Karotinoide (rot und gelb), Betalaine (rotviolett, gelb) oder Flavonoide (gelb) sind weitere Farbstoffe, die nicht nur in Beerenobst enthalten sind. Da sich diese und andere Farbstoffe gegenseitig ergänzen, essen und trinken Sie so bunt wie möglich! Wegen der hohen gesundheitlichen Wirkung der Beeren wird deren Zuckergehalt in Kauf genommen. Das heißt aber nicht, dass Sie riesige Mengen davon verzehren sollten. Achten Sie insbesondere darauf, die Beerenmahlzeit auf einmal zu sich zu nehmen – mehrere kleine Portionen über den Tag verteilt würden Ihren Blutzuckerspiegel ständig hoch halten und damit auch die Leber belasten.

Granatapfel-Grapefruit-Smoothie

3,1g BAL

FÜR 2 PORTIONEN

PRO PORTION: 110 KCAL | 2,8 G E | 1,5 G F | 19,9 G KH, DAVON 12,9 G ZUCKER

ZUTATEN

1 Granatapfel
2 Pink Grapefruits
25 g Instant-Haferflocken oder Haferkleie
200–250 ml stilles Mineralwasser

1. Die Granatapfelkerne aus dem Gehäuse lösen – wie das am besten geht, erfahren Sie im Tipp unten.
2. Die beiden Grapefruits auspressen, das sollte etwa 300 ml Saft ergeben.
3. Alle Zutaten in einen Mixer oder Smoothie-Maker geben und in 25–30 Sekunden cremig mixen.
4. Den Smoothie in 2 Gläser gießen und nach Belieben mit stillem Wasser auffüllen.

TIPP: So kommen Sie an die Kerne: Granatapfel quer halbieren und mit der Schnittfläche nach unten über eine tiefe Schüssel halten. Schale zuerst mit der schmalen Seite eines Kochlöffels rundherum abklopfen, dann mit der flachen Seite kräftig daraufklopfen. Die Kerne fallen nun einfach in die Schüssel. Wenn erforderlich die Trennhäutchen entfernen.
Grantapfelkerne gibt es auch fix und fertig ausgelöst zu kaufen. Sie finden Sie in den Kühlregalen der Obst- und Gemüseabteilungen, meist zu 80 g verpackt.

INFO: Grantapfelkerne schützen die Blutgefäße durch ihren hohen Gehalt an Pflanzenfarbstoffen. Besonders die Ellagsäure aktiviert entgiftende Enzyme in der Leber und bewahrt einzelne Leberzellen vor Schadstoffen und freien Radikalen.
Nicht zu viele Grantapfelkerne sollten Sie essen, wenn Sie zum Beispiel blutverdünnende Medikamente oder Cholesterinsenker einnehmen. Bitte den Beipackzettel lesen oder in der Apotheke fragen.

Molkeshake Nummer 1: Erdbeershake

2,0g BAL

FÜR 2 PORTIONEN

PRO PORTION: 75 KCAL | 2,0 G E | 0,7 G F | 14,1 G KH, DAVON 14,1 G ZUCKER

ZUTATEN

200 g Erdbeeren
300 ml Molke
1 TL Bio-Kakaopulver (optional)
1 Prise gemahlener Zimt

1. Die Erdbeeren waschen, entstielen und etwas zerkleinern.
2. Erdbeeren in einen Mixer oder Smoothie-Maker geben, Molke, Kakao, sofern verwendet, und Zimt zufügen und etwa 30 Sekunden fein pürieren. Den Shake in 2 Gläser füllen.

TIPP: Sie können natürlich auch andere Beeren verwenden, zum Beispiel Heidelbeeren. Bei den Nährwerten ändert sich so – bis auf den wesentlich höheren Ballaststoffgehalt – wenig. Pro Portion: 72 kcal/1,8 g E/0,9 g F/13,1 g KH, davon 12,1 g Zucker/5,0 g Bal.

Molkeshake Nummer 2: Orangenshake

3,2g BAL

FÜR 2 PORTIONEN

PRO PORTION: 100 KCAL | 2,6 G E | 0,6 G F | 19,5 G KH, DAVON 19,5 G ZUCKER

ZUTATEN

2 Orangen
300 ml Molke
½ TL gemahlene Kurkuma

Die Orangen auspressen (ca. 150 ml Saft + Fruchtfleisch). Saft und Fruchtfleisch, das in der Zitruspresse geblieben ist, in einen Mixer oder Smoothie-Maker geben. Molke und Kurkuma zufügen und etwa 30 Sekunden pürieren. Den Shake in 2 Gläser füllen.

Molkeshake Nummer 3: Schokoshake

2,0g
BAL

FÜR 2 PORTIONEN
PRO PORTION: 79 KCAL | 2,8 G E | 2,4 G F | 10,4 G KH, DAVON 9,7 G ZUCKER

ZUTATEN

- 150 ml stilles Mineralwasser
- 1 EL Bio-Kakaopulver
- 300 ml Molke
- 1 Prise gemahlener Zimt
- 10 g dunkle Schokolade

1. Wasser in einen kleinen Topf geben, aufkochen lassen und das Kakaopulver darin mit einem Schneebesen auflösen.
2. Abkühlen lassen, dann Molke und Zimt einrühren.
3. Die Schokolade fein raspeln.
4. Den Shake auf 2 Gläser verteilen und mit den Schokoraspeln bestreuen.

INFO: Die Bezeichnung »Süßmolke« hat nichts mit zugesetztem Zucker zu tun, sondern bringt zum Ausdruck, dass Molke stark basisch auf den Organismus wirkt. Molkeneiweiß oder Molkenprotein ist ein super Stoffwechseltreiber und entfernt auch Stoffwechselrückstände aus dem Gewebe. Molke regt die Leberfunktion an und kann den Cholesterinspiegel senken.
Die biologische Wertigkeit des Proteins in Molke ist mit 110 angegeben (zugrunde gelegt ist dabei das Hühnerei mit der Wertigkeit 100) – das heißt, der Körper kann das enthaltene Eiweiß besonders gut aufnehmen und verwerten. Molke entsteht bei der Käseherstellung aus geronnener Milch. Der Proteinanteil ist mit 0,6 Prozent zwar nicht besonders hoch, glänzt aber mit sieben wichtigen Aminosäuren, darunter so bekannten und wichtigen wie Lysin, Methionin und Tryptophan. Zwar gibt es in den Supermarkt- und Drogerieregalen Molkeshakes aller Art, denen aber oft viel Zucker zugefügt wird. Achten Sie, wenn Sie Trinkmolke oder Molkepulver kaufen, darauf, dass es keine ergänzenden Zutaten enthält. Reine Molke bekommen Sie in Reformhäusern und Bioläden.

Schwarzwälder Smoothie

1,5g BAL

FÜR 2 PORTIONEN

PRO PORTION: 300 KCAL | 9,9 G E | 18,0 G F | 23,7 G KH, DAVON 14,9 G ZUCKER

ZUTATEN

- 15 g frischer Ingwer
- 350 ml Vollmilch oder ungesüßter Mandeldrink
- 1 Prise Salz
- 40 g dunkle Schokolade (85 % Kakaoanteil)
- 1 EL Bio-Kakaopulver
- 30 g Instant-Haferflocken oder Haferkleie
- 100 g Kirschen (frisch oder aus dem Glas)

1. Den Ingwer schälen und sehr fein hacken.
2. Milch mit Salz und Ingwer in einem kleinen Topf langsam aufkochen und bei milder Hitze 5 Minuten köcheln lassen.
3. Schokolade hacken (eventuell einige Raspel zur Dekoration beiseitelegen) und zusammen mit dem Kakaopulver und den Haferflocken mit dem Schneebesen in die Milch rühren.
4. Frische Kirschen waschen und entkernen. Kirschen aus dem Glas abtropfen lassen. Kirschen in die Milch geben und mit dem Pürierstab oder im Mixer beziehungsweise Smoothie-Maker fein pürieren.
5. Smoothie in 2 Gläser füllen, eventuell mit den beiseitegelegten Schokoraspeln bestreuen und heiß trinken oder erkalten lassen und gut gekühlt genießen.

INFO: Ingwer und Hafer bringen Ihren Stoffwechsel auf Touren. Die dunkle Schokolade sorgt für Sättigung und belebt Gehirn und Kreislauf. Kombinieren Sie öfter mal Hafer und Kakao, sie sind ein Dream-Team für Ihre Leber: Das bewirken das Beta-Glucan in den Haferflocken und die Antioxidantien im Kakaopulver. Achten Sie beim Kakaopulver auf fairtrade und bio – nur das gewährleistet gesundheitswirksame Qualität. Reines Kakaopulver kann mit einem hohen Gehalt an Magnesium, Kalzium, Kalium, Zink und Eisen punkten. Ob das Pulver schwach oder stark entölt ist, bleibt Geschmackssache. Mehr Öl (mindestens 20 Prozent) bedeutet mehr Kakaobutter, Geschmack und Kalorien. Stark entöltes Pulver schmeckt herber und enthält nur 10 Prozent Kakaobutter.

Kleine Gerichte – Suppen

In diesem Kapitel wird eine Ausnahme gemacht: Die Rezepte sind alle für vier Portionen konzipiert. Das hat etwas mit »Meal Prep«, aber auch mit Energie- und Arbeitszeitersparnis zu tun. Alle Suppenrezepte sind so entworfen, dass sie problemlos zwei bis drei Tage im Kühlschrank aufbewahrt werden können. Auch portionsweises Einfrieren ist möglich, sodass Sie sich einen kleinen Vorrat zulegen können. Eingefrorene Suppe können Sie gut mitnehmen, auftauen lassen und mittags nur noch erhitzen. In allen Suppen ist zumindest eine Zutat enthalten, die als besonders leberfreundlich gilt. Sie können gerne auch tiefgekühltes Gemüse verwenden. Dieses wird in der Regel frisch vom Feld verarbeitet und eingefroren, sodass der Nährstoffverlust sehr gering ist.

Als Flüssigkeit wird für die Suppen fast immer Gemüsebrühe vorgeschlagen, die es auch in Bioqualität ohne Zusätze gibt. Nach Belieben können Sie aber auch nur Wasser (dann vielleicht etwas beherzter mit Kräutern würzen) oder Fleischbrühen verwenden.

Blumenkohlsuppe mit Basilikum

4,2g BAL

FÜR 4 PORTIONEN

PRO PORTION: 249 KCAL | 5,9 G E | 20,3 G F | 8,5 G KH, DAVON 7,2 G ZUCKER

ZUTATEN

- 1 kleiner Blumenkohl (ca. 500 g geputzt gewogen oder tiefgekühlt)
- 1 Zwiebel
- 1 Knoblauchzehe
- 1 EL Rapsöl
- 800 ml Gemüsebrühe (Fertigprodukt)
- etwas Zitronensaft
- 4 Stängel frisches Basilikum oder andere Kräuter
- 250 ml Vollmilch oder ungesüßter Mandeldrink
- Salz
- wenig Pfeffer
- 4 EL Leinöl oder Arganöl

1. Den Blumenkohl putzen. Dabei die grünen Blätter entfernen, sie können einen bitteren Geschmack verursachen. Blumenkohl waschen und in kleine Röschen teilen, Strunk putzen und klein würfeln. Zwiebel und Knoblauch abziehen und fein hacken.
2. Rapsöl in einem mittelgroßen Topf erhitzen und Zwiebel und Knoblauch darin unter Rühren glasig dünsten. Den Blumenkohl dazugeben, etwas andünsten und dann die Brühe mit 1 Spritzer Zitronensaft angießen.
3. Gemüse 15–20 Minuten bei milder Hitze köcheln lassen, bis es weich ist. Anschließend alles mit dem Pürierstab fein pürieren.
4. In der Zwischenzeit das Basilikum waschen und mit Küchenpapier trocken tupfen. Die Blätter von den Stängeln zupfen und in Streifen schneiden.
5. Milch oder Mandeldrink in die Suppe rühren und die Suppe mit Salz, etwas Pfeffer und – nach Belieben – Zitronensaft abschmecken.
6. Auf tiefe Teller verteilen, je 1 EL Leinöl über die Suppe träufeln und mit dem Basilikum bestreuen.

TIPP: Statt des frischen Blumenkohls können Sie auch 500 g tiefgekühlten verwenden. Diesen geben Sie einfach nach dem Dünsten von Zwiebel und Knoblauch in Punkt 2 noch gefroren in die Brühe.

Rosenkohlsuppe mit Möhren

7,1g BAL

FÜR 4 PORTIONEN

PRO PORTION: 243 KCAL | 6,0 G E | 15,9 G F | 15,5 G KH, DAVON 7,3 G ZUCKER

ZUTATEN

- 200 g Rosenkohl
- 200 g Blumenkohl
- 2 Lauchzwiebeln
- 150 g Möhren
- 150 g Kartoffeln
- 1 EL Rapsöl
- 500 ml Gemüse- oder Hühnerbrühe (Fertigprodukt)
- 200 g Kokosmilch aus der Dose
- Salz
- etwas Zitronensaft (optional)

1. Rosenkohl und Blumenkohl putzen und waschen. Rosenkohlröschen – wenn erforderlich – halbieren. Den Blumenkohl in kleine Röschen zerteilen und den Strunk klein würfeln. Die Lauchzwiebeln putzen, waschen und mit viel Grün in Ringe schneiden. Die Möhren schälen, putzen und in Scheiben schneiden. Die Kartoffeln schälen, waschen und in mundgerechte Stücke schneiden.
2. Das Rapsöl in einem mittelgroßen Topf erhitzen und die Lauchzwiebeln darin 2–3 Minuten unter Rühren andünsten.
3. Alles Gemüse einrühren und mit Brühe aufgießen. Das Gemüse sollte gerade mit Flüssigkeit bedeckt sein.
4. Gemüse 15–20 Minuten bei geringer Hitze kücheln lassen, bis es weich ist.
5. Die Kokosmilch einrühren, die Suppe mit Salz und – nach Belieben – etwas Zitronensaft würzen und noch einmal aufkochen lassen.

TIPP: Gut passt Fisch in diese Suppe, zum Beispiel Lachs oder Thunfisch, die wegen ihres hohen Gehalts an Omega-3-Fettsäuren ein zusätzliches Gesundheitsplus bringen. Fisch einfach in mundgerechte Würfel schneiden und 5 Minuten vor Ende der Kochzeit in die Suppe geben und gar ziehen lassen.
Kohlgemüse, Möhren und Kartoffeln gibt es tiefgekühlt zu kaufen. Wenn Sie ein geräumiges Kühlfach haben oder einen Tiefkühler besitzen, können Sie Gemüse auf Vorrat einkaufen. So haben Sie immer die Zutaten für eine schnelle Suppe oder einen Eintopf zur Hand.

Brokkolisuppe mit Pinienkernen

6,3g BAL

FÜR 4 PORTIONEN

PRO PORTION: 238 KCAL | 14,6 G E | 12,6 G F | 13,4 G KH, DAVON 4,7 G ZUCKER

ZUTATEN

1 kleine Zwiebel
500 g Brokkoli
1 EL Rapsöl
50 g Haferkleie oder Instant-Haferflocken
700 ml Gemüsebrühe (Fertigprodukt)
40 g Pinienkerne
50 g Parmesan
Salz
Pfeffer
frisch geriebene Muskatnuss
etwas Zitronensaft

1. Die Zwiebel abziehen und hacken. Brokkoli waschen, die Röschen abschneiden, den Stängel putzen, schälen und würfeln.
2. Das Rapsöl in einem mittelgroßen Topf erhitzen und die Zwiebel darin goldgelb anbraten. Die Haferkleie einrühren und kurz anrösten. Gemüsebrühe angießen, Brokkoli dazugeben und alles aufkochen lassen. Dann das Gemüse bei geringer Hitze in 20 Minuten weich köcheln lassen.
3. In der Zwischenzeit die Pinienkerne in einer beschichteten Pfanne ohne zusätzliches Fett goldgelb rösten. Den Parmesan mit einem scharfen Messer in feine Scheiben hobeln oder nach Belieben auf einer Reibe fein raspeln.
4. Einige Brokkoliröschen zum Garnieren aus dem Topf fischen und beiseitelegen.
5. Brokkolisuppe mit dem Stabmixer fein pürieren und mit Salz, Pfeffer, Muskatnuss und Zitronensaft abschmecken. Auf 4 Teller verteilen, mit Pinienkernen und Parmesan bestreuen und die übrigen Brokkoliröschen obenauf geben.

INFO: Brokkoli ist ein Tausendsassa beim Kampf gegen die Fettleber. Der Zauberstoff heißt Indol. Dieser wird von den Darmbakterien produziert – ein Grund, sich nach der Diagnose Fettleber auch um die Darmgesundheit zu kümmern. Denn nur in einem gesunden Darm leben genügend »gute« Darmbakterien. Indol kommt in den Gemüsen aus der Familie der Kreuzblütler vor. Das sind ALLE Kohlgemüse, aber auch Rucola, Meerrettich und Radieschen.

Löwenzahn- oder Wildkräutersuppe

2,3g BAL

FÜR 4 PORTIONEN
PRO PORTION: 81 KCAL | 2,6 G E | 3,9 G F | 7,5 G KH, DAVON 2,8 G ZUCKER

ZUTATEN

- 200 g frischer Löwenzahn oder Wildkräuter nach Wahl
- 1 Zwiebel
- 150 g mehligkochende Kartoffeln
- 1 EL Rapsöl
- 1 l Gemüsebrühe (Fertigprodukt)
- Salz
- Pfeffer
- 4 TL Kürbiskernöl (optional)

1. Löwenzahn oder Kräuter waschen und die Blätter von den Stängeln trennen. Die Stängel klein schneiden. Zwiebel abziehen und klein würfeln. Kartoffeln schälen, waschen und klein schneiden.
2. Rapsöl in einem mittelgroßen Topf erhitzen und Zwiebel und Löwenzahnstängel darin unter Rühren goldgelb andünsten.
3. Kartoffeln, Gemüsebrühe und Löwenzahnblätter dazugeben und bei milder Hitze 15 Minuten köcheln lassen.
4. Die Suppe mit einem Pürierstab oder im Mixer pürieren und mit Salz und Pfeffer abschmecken.
5. Auf Suppenteller verteilen und – nach Belieben – mit je 1 EL Kürbiskernöl beträufeln.

TIPP: Den vielleicht etwas ungewohnt bitteren Geschmack können Sie abmildern durch Kürbiskernöl, geriebenen Parmesan, Frischkäse oder noch mehr mitgekochte Kartoffeln.

INFO: Löwenzahn ist DAS Wunderkraut bei einer verfetteten Leber. Er hat nämlich eine sogenannte choleretische Wirkung: Er steigert die Produktion der Gallenflüssigkeit, sorgt dafür, dass diese dünnflüssig bleibt, verbessert den Fettstoffwechsel und hilft so beim Abbau einer Fettleber. Versuchen Sie, die Pflanze möglichst täglich auch in geringen Mengen in Ihren Speiseplan einzubauen, zum Beispiel in Smoothies, in Salaten oder eben Suppe.

Kohlrabisuppe mit dicken Bohnen

3,2g BAL

FÜR 4 PORTIONEN

PRO PORTION: 157 KCAL | 5,7 G E | 10,8 G F | 7,7 G KH, DAVON 5,0 G ZUCKER

ZUTATEN

200 g dicke Bohnen (frisch gepalt oder tiefgekühlt)
400 g Kohlrabi
700 ml Gemüsebrühe (Fertigprodukt)
3 Stängel Dill
1 EL Rapsöl
100 g saure Sahne
Salz
Pfeffer
4 TL Leinöl
bunter Pfeffer

1. Tiefgekühlte Bohnen auftauen lassen.
2. Kohlrabi schälen und in Würfel schneiden. Gemüsebrühe und Kohlrabi in einen mittelgroßen Topf geben, zum Kochen bringen und das Gemüse in 15–20 Minuten weich kochen. Anschließend mit einem Pürierstab fein pürieren.
3. Dill waschen, trocken schütteln, die Blätter von den Stängeln zupfen und hacken.
4. Das Rapsöl in einer beschichteten Pfanne erhitzen und die Bohnen darin leicht anbraten.
5. Die saure Sahne in der Suppe verquirlen und die Suppe nicht mehr kochen lassen. Mit Salz und Pfeffer abschmecken.
6. Die Suppe auf 4 Teller verteilen, Bohnen hineingeben, mit je 1 TL Leinöl beträufeln und mit buntem Pfeffer bestreuen.

INFO: Bei diesem Rezept ist es das Leinöl, das Ihrer Leber guttut. Die Omega-3-Fettsäuren, dabei besonders die Alpha-Linolensäure (ALA) und Vitamin E, wirken nicht nur entzündungshemmend, sondern auch entgiftend. Schon 1 TL Leinöl pro Tag verbessert die Leberenzyme.
Achten Sie auch hier auf Bioqualität und kaufen Sie nur kleine Mengen (250 ml) in dunklen Flaschen, da Leinöl schnell verdirbt.

Sauerkrautsuppe

7,2g BAL

FÜR 4 PORTIONEN

PRO PORTION: 96 KCAL | 3,7 G E | 0,5 G F | 15,6 G KH, DAVON 4,9 G ZUCKER

ZUTATEN

- 200 g Möhren
- 250 g Kartoffeln
- 100 g Fleischtomaten
- 1 Lorbeerblatt
- 500 ml Gemüsebrühe (Fertigprodukt)
- 1 TL Paprikapulver, edelsüß oder rosenscharf
- 250 g frisches Sauerkraut
- Salz
- wenig Pfeffer

1. Möhren und Kartoffeln schälen, waschen und putzen. Möhren in feine Streifen (»Juliennes«) schneiden oder grob raspeln. Kartoffeln in mundgerechte Stücke schneiden. Die Tomaten waschen, vierteln, die Stielansätze und Kerne entfernen und das Fruchtfleisch klein würfeln.
2. Kartoffeln, Lorbeerblatt und Gemüsebrühe in einen Topf geben, zum Kochen bringen und 10 Minuten bei geringer Hitze köcheln lassen.
3. Möhren, Tomaten und Paprikapulver in die Suppe rühren. Das Sauerkraut mit einer Gabel zerpflücken und dazugeben. Die Suppe weitere 10 Minuten köcheln lassen.
4. Das Lorbeerblatt entfernen, Suppe mit Salz und eventuell etwas Pfeffer würzen und auf Teller verteilen.

TIPP: Löffeln Sie nach Belieben auf jede Portion noch 1–2 EL Naturjoghurt. Das macht sich immer gut zu Sauerkraut und ist auch für Leber und Darm sehr nützlich. Die Suppe können Sie gut im Kühlschrank 2–3 Tage aufbewahren oder tiefkühlen. Besorgen Sie sich frisches Sauerkraut (Markt, Bioladen), denn nur dieses enthält reichlich probiotische Mikroorganismen. In Dosen oder Beuteln ist von diesen so gut wie nichts mehr vorhanden.

INFO: Sauerkraut ist ein probiotisches Lebensmittel. Die enthaltenen Mikroorganismen wirken sich günstig auf die Rückbildung einer Fettleber aus und stärken die Darmflora.

Erbsensuppe mit Minze

5,8g
BAL

FÜR 4 PORTIONEN

PRO PORTION: 163 KCAL | 6,8 G E | 4,9 G F | 20,4 KH G, DAVON 6,7 G ZUCKER

ZUTATEN

- 1 kleine Zwiebel
- 250 g mehligkochende Kartoffeln
- 2 Stängel frische Minze
- 1 EL Rapsöl
- 300 g Erbsen (tiefgekühlt)
- 700 ml Gemüsebrühe (Fertigprodukt)
- 2 EL Zitronensaft
- Salz
- Pfeffer
- 1 TL Wasabi-Paste (optional)
- 2 EL saure Sahne

1. Die Zwiebel abziehen und klein würfeln. Die Kartoffeln schälen, waschen und in circa 1 cm große Würfel schneiden. Die Minze waschen, gut trocken schütteln und die Blätter abzupfen und hacken.
2. Rapsöl in einem mittelgroßen Topf sanft erhitzen und Zwiebel und Kartoffeln unter Rühren andünsten.
3. Erbsen, Gemüsebrühe und ¾ der Minze dazugeben und 15 Minuten leicht kochen lassen, bis das Gemüse weich ist.
4. Suppe mit einem Pürierstab nicht allzu fein pürieren. Anschließend mit Zitronensaft, Salz, Pfeffer und für den, der es scharf mag, mit Wasabi abschmecken.
5. Die saure Sahne einrühren und die Suppe dabei nicht mehr kochen lassen. Auf Teller verteilen und mit der restlichen Minze bestreuen.

INFO: Wasabi, japanischer Meerrettich oder Wasserrettich, gehört zur Familie der Kreuzblütler. Die Wurzeln werden zu einer scharfen Paste verarbeitet, die Vitamin C, B_6 (für Nerven und Fettstoffwechsel) und die für die Leber so bedeutsamen Senföle enthält. Die grüne Paste ist sehr scharf – tasten Sie sich langsam heran, wenn Sie Schärfe nicht gewohnt sind.

INFO: Erbsen enthalten 7 Prozent Eiweiß! Dazu viel Vitamin E, Betacarotin (das vom Organismus in Vitamin A umgewandelt wird), Eisen, Magnesium und Zink – alles Stoffe, die helfen können, Ihre Fettleber loszuwerden.

Rote-Bete-Suppe mit Pastinaken

5,4g
BAL

FÜR 4 PORTIONEN

PRO PORTION: 75 KCAL | 3,7 G E | 0,6 G F | 10,9 G KH, DAVON 8,7 G ZUCKER

ZUTATEN

- 250 g frische Rote Bete
- 250 g Pastinaken, Petersilienwurzel oder Kohlrabi
- 2 Knoblauchzehen
- 800 ml Gemüsebrühe (Fertigprodukt)
- 1 Lorbeerblatt
- 2 Stängel glatte Petersilie
- 100 g frisches Sauerkraut
- Salz
- Pfeffer

1. Rote Bete mit einem Sparschäler schälen (am besten dazu Einmalhandschuhe anziehen, sonst bleiben Ihre Finger noch lange rot) und in etwa 2 cm große Stücke schneiden. Pastinaken schälen, putzen, waschen und ebenfalls in Stücke schneiden. Die Knoblauchzehen abziehen und hacken.
2. Die vorbereiteten Zutaten mit Gemüsebrühe und dem Lorbeerblatt in einen Topf geben, aufkochen lassen und 20–25 Minuten bei geringer Hitze zugedeckt köcheln lassen, bis das Gemüse weich ist.
3. In der Zwischenzeit die Petersilie waschen, trocken schütteln, die Blättchen von den Stielen zupfen und nach Belieben hacken.
4. Das Sauerkraut mit einer Gabel zerpflücken, in die Suppe rühren und kurz darin erhitzen. Das Lorbeerblatt entfernen, die Suppe mit Salz und Pfeffer abschmecken und mit Petersilie bestreut servieren.

TIPP: Die Suppe kann gut 3–4 Tage zugedeckt im Kühlschrank aufbewahrt werden. Weniger Arbeit machen die vorgekochten Beten im Vakuumbeutel. Diese müssen Sie nur klein schneiden und in der Suppe erhitzen.

INFO: Petersilienwurzel und Pastinaken sind Geschwister. Beide haben viel Vitamin C (41 mg pro 100 g), Ballaststoffe, Magnesium und Eisen.
Für Nierenkranke und Schwangere ist Petersilienwurzel nicht geeignet: Vor allem das Apiol kann die Nieren reizen oder zu vorzeitigen Wehen führen.

Spargelsuppe mit Haferkleie

3,6g
BAL

FÜR 4 PORTIONEN

PRO PORTION: 155 KCAL | 6,8 G E | 7,2 G F | 13,9 G KH, DAVON 6,6 G ZUCKER

ZUTATEN

- 500 g grüner Spargel
- 1 kleine Zwiebel
- 1 EL Rapsöl
- 50 g Instant-Haferflocken oder Haferkleie
- 500 ml Gemüsebrühe (Fertigprodukt)
- 250 ml Milch oder ungesüßter Mandeldrink
- etwas Zitronensaft
- Salz
- Pfeffer

1. Den Spargel waschen, das untere Drittel mit einem Sparschäler schälen und die holzigen Enden entfernen. Die Spargelköpfchen abschneiden und beiseitelegen. Den restlichen Spargel in etwa 1 ½ cm lange Stücke schneiden. Zwiebel schälen und klein würfeln.
2. Öl in einem beschichteten Topf erhitzen und die Zwiebelwürfel darin unter Rühren goldgelb anbraten. Die Haferflocken oder -kleie unterrühren und kurz mitbraten.
3. Mit Gemüsebrühe aufgießen, die Spargelstücke dazugeben und in 15 Minuten weich kochen.
4. Die Suppe mit dem Stabmixer fein pürieren und die Milch oder den Mandeldrink einrühren. Die Spargelköpfchen dazugeben und in 3 Minuten bissfest garen.
5. Die Suppe mit Zitronensaft, Salz und Pfeffer abschmecken und auf 4 Teller verteilen.

TIPP: Die Suppe eignet sich gut zum Mitnehmen, denn Sie können sie auch als erfrischende Kaltschale genießen. Wenn etwas übrig bleibt, können Sie die Reste bis zu 2 Tage im Kühlschrank aufbewahren oder auch einfrieren.
Auf dieselbe Art können Sie vielerlei grüne Suppen herstellen, etwa mit Erbsen, Brokkoli oder Spinat und Pak Choi.

Bohnensuppe mit Möhren

23,3g BAL

FÜR 4 PORTIONEN

PRO PORTION: 290 KCAL | 14,5 G E | 4,9 G F | 32,8 G KH, DAVON 7,5 G ZUCKER

ZUTATEN

- 1 Zwiebel
- 2 Knoblauchzehen
- 1 rote Paprikaschote
- 200 g Möhren
- 200 g Tomaten
- 1 EL Rapsöl
- 800 ml Gemüsebrühe (Fertigprodukt)
- 1 Dose weiße Bohnen (ca. 250 g Abtropfgewicht)
- 2 Stängel glatte Petersilie
- Salz
- Pfeffer

1. Zwiebel abziehen und in feine Ringe schneiden. Knoblauchzehen schälen und in Scheiben schneiden.
2. Paprikaschote waschen, putzen und würfeln. Möhren schälen, putzen und in etwa 1 cm große Würfel schneiden. Tomaten waschen, halbieren, Stielansätze und Kerne entfernen und das Fruchtfleisch klein würfeln.
3. Rapsöl in einem mittelgroßen Topf erhitzen und Zwiebel und Knoblauch darin goldgelb andünsten. Paprika und Möhren unterrühren und mit Brühe aufgießen.
4. Die Suppe bei milder Hitze 15 Minuten köcheln lassen, dann die Tomaten dazugeben und 5 Minuten weiterköcheln lassen.
5. Die Bohnen durch ein Sieb abgießen, zur Suppe geben und 2–3 Minuten darin erhitzen.
6. In der Zwischenzeit die Petersilie waschen, trocken schütteln und die Blätter von den Stängeln zupfen.
7. Die Suppe mit Salz und Pfeffer abschmecken, auf 4 Teller verteilen und mit Petersilie bestreuen.

TIPP: Gut passt obenauf etwa 1 EL grob geraspelter Parmesan pro Portion. Für noch mehr Eiweiß kommen auch 100 g gewürfelter Schafskäse infrage. Veganer können den Eiweißträger Tofu gewürfelt in die Suppe mischen.

Lauchsuppe mit Kohlrabi

2,3g BAL

FÜR 4 PORTIONEN

PRO PORTION: 97 KCAL | 4,1 G E | 5,3 G F | 7,2 G KH, DAVON 6,3 G ZUCKER

ZUTATEN

1 dicke Stange Lauch (ca. 250 g geputzt gewogen)
250 g Kohlrabi
1 Knoblauchzehe
1 EL Rapsöl
800 ml Gemüsebrühe (Fertigprodukt)
150 ml Vollmilch oder ungesüßter Mandeldrink
1 Prise gemahlener Zimt
Salz
Pfeffer
frisch geriebene Muskatnuss

1. Die Lauchstange putzen, oben längs aufschlitzen, auffächern und unter fließendem Wasser gründlich waschen. Mit möglichst viel dunklem Grün in Ringe schneiden. Einige dünne helle Ringe zur Dekoration beiseitelegen. Den Kohlrabi schälen, waschen und in Würfel schneiden. Die Knoblauchzehe abziehen und durch eine Knoblauchpresse drücken.
2. Rapsöl in einem mittelgroßen Topf sanft erhitzen und die dunklen Lauchringe und den Knoblauch darin unter Rühren andünsten.
3. Restlichen Lauch und Kohlrabi dazugeben und mit Brühe aufgießen. Die Suppe 15–20 Minuten sanft köcheln lassen, dann mit dem Pürierstab fein pürieren.
4. Die Milch und den Zimt einrühren. Die Suppe mit Salz, Pfeffer und Muskatnuss abschmecken und noch mal kurz erhitzen. Auf 4 Teller verteilen und mit den Lauchringen bestreut servieren.

TIPP: Lauch und Kohlrabi beinhalten nicht nur jede Menge leberaktiver Stoffe, sie sind auch kulinarisch ein gutes Team. Dennoch können Sie nach Lust und Laune den Kohlrabi mal durch grünes Blattgemüse, zum Beispiel Pak Choi, austauschen oder dieses zusätzlich in die Suppe bringen.

Linsensuppe mit Spinat

10,5g
BAL

FÜR 4 PORTIONEN

PRO PORTION: 240 KCAL | 17,4 G E | 5,1 G F | 28,3 G KH, DAVON 3,3 G ZUCKER

ZUTATEN

- 200 g frischer Blattspinat
- 150 g Möhren
- 200 ml Gemüsebrühe (Fertigprodukt)
- 1 Dose braune Linsen (800 g Einwaage)
- 40 g Parmesan
- Salz
- Pfeffer

1. Den Spinat waschen, verlesen und in Streifen schneiden. Die Möhren schälen, putzen und würfeln.
2. Gemüsebrühe in einem mittelgroßen Topf (die Linsen sollen nachher auch darin Platz haben) aufkochen. Die Temperatur reduzieren, Möhren zugeben und in 10 Minuten bissfest kochen. Den Spinat einrühren und zugedeckt 2 Minuten dünsten, bis er zusammengefallen ist.
3. Linsen mit ihrem Sud aus der Dose zum Gemüse geben und bei geringer Hitze erwärmen. Währenddessen den Parmesan fein raspeln.
4. Die Linsensuppe mit Salz (wenig, denn dieses ist schon im Linsensud enthalten) und Pfeffer abschmecken, auf 4 Teller verteilen und mit dem Parmesan bestreuen.

INFO: Linsen, ob frisch gekocht oder aus der Dose, sind Proteinpakete, auf die Sie bei Ihrer leberfreundlichen Ernährung nicht verzichten sollten. Nehmen Sie die braunen Linsen gerne aus der Dose – das spart Zeit, da das Einweichen und Garkochen wegfällt.
Die bedeutenden Inhaltsstoffe sind in beiden Versionen vorhanden: 100 g (ungekochte) Linsen liefern Ihnen mehr als die Hälfte des Tagesbedarfs an Ballaststoffen und 23,5 g Eiweiß. Dazu noch 130 mg Magnesium und 8 mg Eisen. Übrigens: Pflanzliches Eisen kann der Körper nicht so gut aufnehmen wie tierisches. Er braucht dafür Vitamin C – das ist in diesem Rezept in Spinat und Möhren schon enthalten. Wenn Sie auf Nummer sicher gehen wollen: Pressen Sie als Getränk zur Mahlzeit 1 Orange aus.

Auberginen-Zucchini-Suppe

5,9g BAL

FÜR 4 PORTIONEN

PRO PORTION: 160 KCAL | 7,9 G E | 4,7 G F | 18,8 G KH, DAVON 7,0 G ZUCKER

ZUTATEN

- 1 Zwiebel
- 2 Knoblauchzehen
- 1 rote oder gelbe Paprikaschote
- 150 g Auberginen
- 150 g Zucchini
- 150 g Tomaten
- 1 EL Olivenöl
- 600 ml Gemüse- oder Fleischbrühe (Fertigprodukt)
- 2 Scheiben Bio-Zitrone
- 75 g gelbe oder rote Linsen
- ½ TL gemahlene Kurkuma
- 2 Stängel glatte Petersilie
- Salz
- Zitronensaft (optional)

1. Zwiebel und Knoblauch schälen und klein würfeln. Die Paprikaschote waschen, putzen und in etwa ½ cm große Würfel schneiden.
2. Auberginen und Zucchini waschen, putzen und in Scheiben schneiden. Dickere Exemplare zuvor längs halbieren. Die Tomaten waschen, halbieren, Stielansätze und eventuell die Kerne entfernen und das Fruchtfleisch würfeln.
3. Olivenöl in einem geräumigen Topf erhitzen und Zwiebel und Knoblauch darin unter Rühren glasig dünsten. Die Paprikawürfel einrühren und 5 Minuten leicht anschmoren.
4. Auberginen und Zucchini unterrühren und mit der Brühe aufgießen. Zitronenscheiben, Linsen und Kurkuma dazugeben. Suppe aufkochen lassen und 10 Minuten zugedeckt bei geringer Hitze köcheln lassen.
5. Die Tomatenwürfel einrühren und alles weitere 5 Minuten köcheln lassen.
6. In der Zwischenzeit die Petersilie waschen, trocken schütteln, die Blätter von den Stängeln zupfen und hacken.
7. Die Suppe mit Salz und nach Belieben Zitronensaft abschmecken, auf Teller verteilen und mit Petersilie bestreuen.

TIPP: Die Suppe kann gut im Kühlschrank 2–3 Tage aufbewahrt werden. Nach Belieben können Sie auch andere Gemüse wie zum Beispiel Staudensellerie dazugeben. Davon 150 g klein würfeln und mit den Paprikawürfeln in den Topf geben.

INFO: Auch die kalorienarmen Auberginen regen Leber- und Bauspeicheldrüse an und sind damit hervorragend geeignet zur Behandlung der Fettleber. Die Vitamine A, B und C sowie die Mineralstoffe Kalzium, Magnesium, Kupfer und Mangan stecken reichlich in den eierförmigen Früchten. Dazu kommen noch Anthozyane, dunkle Pflanzenfarbstoffe, in der Schale und – leider mittlerweile zum Teil weggezüchtet – die ebenfalls enthaltenen Bitterstoffe. Üblicherweise wird empfohlen, die Auberginen vor der Verarbeitung kräftig zu salzen und sie dann 15 Minuten stehen zu lassen, um die Bitterstoffe zu entfernen. Aber gerade die sind jetzt wichtig für Ihre Leber – also lassen Sie sie bitte drin. Die Auberginen zu kochen oder zu braten ist allerdings wichtig, denn die rohen Früchte enthalten Solanin, und das ist giftig.

Kleine Gerichte – Gemüse

Ob als frisch zubereitete Mittagsmahlzeit, als Lunch zum Mitnehmen oder vielleicht auch als Snack zwischendurch: Unsere kleinen Gemüsegerichte enthalten immer etwas, das Ihrer Leber nützt. Sie werden viele Gemüsesorten wiederfinden, die schon im Suppen-Kapitel beschrieben worden sind: Auberginen, Brokkoli und Rucola. Davon wollen und sollen Sie reichlich essen – möglichst auch nachdem Sie Ihre Fettleber schon losgeworden sind. Wann immer Sie frischen Löwenzahn auf dem Markt sehen, greifen Sie zu. Leider ist er als biologisch einwandfreies Lebensmittel durch Umweltgifte und Pestizideinsatz eher selten geworden, gilt aber als Allheilmittel für Erkrankungen der Leber. Gibt es die gezackten Blätter nicht, nehmen Sie einfach Rucola – auch der enthält die wirksamen Bitterstoffe.

Auberginen-Minipizza

4,4g
BAL

FÜR 2 PORTIONEN
PRO PORTION (5 STÜCK): 350 KCAL | 14,4 G E | 28,2 G F | 9,6 G KH, DAVON 8,3 G ZUCKER
1 STÜCK ALS SNACK: 70 KCAL | 2,9 G E | 5,6 G F | 1,9 G KH, DAVON 1,7 G ZUCKER | 0,9 G BAL

ZUTATEN

200 g Auberginen
6 Rispentomaten
1 Kugel Bio-Mozzarella
2 EL Tomatenmark
Salz
Pfeffer
2 EL kalt gepresstes Olivenöl
3 Stängel Basilikum

1. Den Backofen auf 250 °C Ober-/Unterhitze (Umluft: 230 °C) vorheizen.
2. Die Aubergine waschen, putzen und quer in 10 circa 1 cm dicke Scheiben abschneiden.
3. Die Tomaten waschen, halbieren und achteln. Die Mozzarella-Kugel aus der Packung nehmen, gut abtropfen lassen und in 10 dünne Scheiben schneiden.
4. Ein Backblech mit Backpapier auslegen. Die Auberginenscheiben darauflegen, mit Tomatenmark bestreichen und mit Salz und Pfeffer würzen.
5. Die Tomaten und Mozzarella-Scheiben darauf verteilen und mit Olivenöl beträufeln. Das Blech in den Ofen schieben und die Pizzen etwa 10 Minuten überbacken, bis der Käse geschmolzen ist.
6. Kurz vor Ende der Backzeit das Basilikum waschen, mit Küchenpapier trocken tupfen, die Blätter von den Stängeln zupfen und in dünne Streifen schneiden. Die fertigen Minipizzen vor dem Servieren damit bestreuen.

TIPP: Unter der Käseschicht machen sich auch Sardellenpaste oder dünne Scheiben von italienischer Salami oder Prosciutto gut.

Farfalle mit Löwenzahnpesto

6,0g
BAL

FÜR 2 PORTIONEN

PRO PORTION: 472 KCAL | 15,1 G E | 9,9 G F | 77,7 G KH, DAVON 0,7 G ZUCKER

ZUTATEN

- 2 l Wasser
- Salz
- 240 g Farfalle oder andere Teigwaren
- 80 g Löwenzahnpesto (Rezept Seite 178)
- Salz
- Pfeffer
- Parmesan oder Grana Padano (optional)

1. Wasser mit Salz in einem geräumigen Topf zum Kochen bringen. Farfalle dazugeben, nach Packungsanleitung bissfest kochen und anschließend durch ein Sieb abgießen.
2. In der Zwischenzeit das Pesto in einen Topf geben, mit 2–3 EL Pasta-Kochwasser verrühren und sanft erwärmen.
3. Farfalle mit dem Pesto verrühren und bei Bedarf mit Salz und Pfeffer würzen. Nach Belieben mit geriebenem Parmesan bestreuen.

INFO: Fertiges Löwenzahnpesto in Gläsern wurde nirgends entdeckt, Rucolapesto hingegen gibt es in Bioläden und bisweilen auch auf Märkten. Ob aus Löwenzahn oder Rucola, beide Varianten enthalten viele leberaktive Stoffe und passen nicht nur zu Teigwaren. Mit 1–2 EL Pesto zu gekochten Kartoffeln oder als Topping auf Suppen oder Salaten bekommen Ihre Gerichte gleich einen gesunden Touch.

Süßkartoffeln mit Rucola und Avocado

14,8g BAL

FÜR 2 PORTIONEN

PRO PORTION: 598 KCAL | 6,5 G E | 32,6 G F | 62,9 KH, DAVON 12,0 G ZUCKER

ZUTATEN

2 etwa gleich große Süßkartoffeln (à ca. 250 g)

1 EL Olivenöl

je ¼ TL gemahlene Kurkuma und rosenscharfes Paprikapulver oder Cayennepfeffer

Salz

1 Avocado (ca. 200 g)

25 g Rucola

1 Knoblauchzehe

½ Limette oder Zitrone

Pfeffer

1. Den Backofen auf 180 °C Ober-/Unterhitze (Umluft: 160 °C) vorheizen.
2. Die Süßkartoffeln gründlich mit einer Bürste reinigen, längs halbieren und mit der Schnittfläche nach oben auf ein Backblech legen. Mit einer Gabel mehrmals oben einstechen.
3. Olivenöl, Kurkuma, Paprikapulver und ½ TL Salz in einer kleinen Schüssel verrühren und die Schnittflächen der Süßkartoffeln damit bestreichen. Das Blech in den Ofen schieben und die Süßkartoffeln in 25–30 Minuten auf der mittleren Schiene weich backen.
4. In der Zwischenzeit die Avocado halbieren, den Kern entfernen und das Fruchtfleisch mit einem Löffel aus der Schale lösen. Rucola in ein Sieb geben, abbrausen und gut abtropfen lassen. Knoblauch schälen und klein würfeln. Die Limette auspressen.
5. Die Hälfte des Rucola klein schneiden und zusammen mit Knoblauch und Limettensaft im Mixer oder mit dem Pürierstab in einem hohen Gefäß zerkleinern. Avocado dazugeben und alles nach Geschmack sehr fein oder gröber mixen. Mit Salz und Pfeffer abschmecken.
6. Süßkartoffeln auf 2 Teller verteilen, mit dem restlichen Rucola belegen und je 1 EL Avocadocreme daraufsetzen. Die übrige Creme getrennt dazu reichen.

INFO: Die vielen Kohlenhydrate in dem Gericht kommen von den Süßkartoffeln. Sie können das Gericht auch mit normalen Kartoffeln zubereiten.

Ofengemüse mit Rosmarin

14,1g
BAL

FÜR 2 PORTIONEN

PRO PORTION: 457 KCAL | 10,6 G E | 23,7 G F | 43,4 G KH, DAVON 16,8 G ZUCKER

ZUTATEN

- 1 rote Zwiebel
- 300 g Kartoffeln
- 200 g Möhren
- 1 rote Paprikaschote
- 200 g Brokkoli
- 150 g Zucchini
- 4 Knoblauchzehen
- 3 EL kalt gepresstes Olivenöl
- grobes Meersalz
- 2 Zweige Rosmarin

1. Den Backofen auf 200 °C Ober-/Unterhitze (Umluft: 180 °C) vorheizen.
2. Die Zwiebel abziehen und längs vierteln oder achteln. Kartoffeln, Möhren, Paprikaschote Brokkoli und Zucchini putzen, waschen und in grobe Spalten oder Scheiben schneiden. Die Gemüsestücke sollen etwa gleich groß sein.
3. Die Knoblauchzehen an der flachen Seite auf die Arbeitsfläche drücken, bis sie aufplatzen. (Nach dem Garen kann man dann das Fruchtfleisch herausquetschen – für Knoblauchliebhaber ein Festschmaus!)
4. Das Gemüse in eine ofenfeste Form geben, mit dem Olivenöl beträufeln und gut vermischen, sodass alles gleichmäßig mit Olivenöl überzogen ist.
5. Das Gemüse mit Meersalz bestreuen, den Rosmarin waschen, trocken schütteln und an den Rand stecken. Das Gemüse 30–35 Minuten im Ofen backen, bis es leicht gebräunt ist. Zwischendurch einmal mit einem Pfannenwender umrühren. Gleich in der Form servieren.

TIPP: Das Gemüse können Sie natürlich variieren. Kohlrabi und Süßkartoffel sind sehr gut geeignet, ebenso Blumenkohl oder Blattspinat. Achten Sie darauf, dass Sie für die beiden Portionen insgesamt auf circa 1 kg Gemüse kommen.
Gut passt dazu ein Dip aus 150 g Naturjoghurt, der mit etwas Salz, edelsüßem Paprikapulver und 1 Msp. gemahlenem Zimt verrührt wird.

Bratkartoffeln mit Löwenzahn

6,3g
BAL

FÜR 2 PORTIONEN

PRO PORTION: 335 KCAL | 5,8 G E | 14,1 G F | 43,1 G KH, DAVON 2,3 G ZUCKER

ZUTATEN

500 g junge Kartoffeln, »Drillinge«
50 g Löwenzahnblätter oder Rucola
2 EL Rapsöl
Salz
Pfeffer

1. Die Kartoffeln mit einer Bürste gründlich reinigen. In einen Topf geben und so viel Wasser zugießen, dass sie damit bedeckt sind. Wasser zum Kochen bringen und die Kartoffeln in 15–20 Minuten weich kochen. Durch ein Sieb abgießen und etwas abkühlen lassen.
2. In der Zwischenzeit die Löwenzahnblätter waschen, trocken schütteln und in Streifen schneiden.
3. Die Kartoffeln längs halbieren oder vierteln. Rapsöl in einer beschichteten Pfanne erhitzen und die Kartoffeln darin bei geringer Hitze etwa 10 Minuten bräunen. Dann mit einem Pfannenwender den geschnittenen Löwenzahn unterheben und braten, bis die Blätter knusprig sind.
4. Mit Salz und Pfeffer würzen.

INFO: Wenn Sie die Kartoffeln schon am Vortag kochen und dann 24 Stunden abkühlen lassen, kommen Sie in den Genuss einer weiteren Wohltat für Ihren Darm. Dann hat sich nämlich in den Kartoffeln die sogenannte resistente Stärke gebildet. Diese kommt in stärkehaltigen Lebensmitteln (Kartoffeln, Nudeln, Reis) vor, die gekocht und 24 Stunden lang wieder abgekühlt wurden. Die so verwandelte Stärke wird im Darm zu Buttersäure (Butyrat), einer kurzkettigen Fettsäure, umgewandelt – ein Energie-Elixier für die Darmschleimhaut. Durch das Butyrat wird das Wachstum von Bifidobakterien und Lactobazillen angeregt außerdem wirkt es gegen Entzündungen. Und ein gesunder, aktiver Darm nützt Ihrer Leber bei Entgiftung und Entfettung.

Linsen-Bolognese

5,4g
BAL

FÜR 4 PORTIONEN

PRO PORTION: 193 KCAL | 10,8 G E | 4,7 G F | 24,1 G KH, DAVON 6,0 G ZUCKER

ZUTATEN

1 Zwiebel
2 Knoblauchzehen
1 EL Olivenöl
2 EL Tomatenmark
400 ml Gemüsebrühe (Fertigprodukt)
400 g passierte Tomaten aus der Dose
je 1 TL getrockneter Majoran und Oregano
125 g Berglinsen
Salz
Pfeffer
Balsamessig oder Apfelessig

1. Zwiebel und Knoblauchzehen schälen und klein hacken. Olivenöl in einem mittelgroßen Topf erhitzen und Zwiebel und Knoblauch darin goldgelb anbraten.
2. Tomatenmark dazugeben und kurz mitbraten. Die Brühe angießen, Tomaten, Majoran, Oregano und Linsen zugeben und aufkochen lassen.
3. Die Linsen zugedeckt bei geringer Hitze in 20 Minuten weich kochen, dabei öfter umrühren.
4. Mit Salz, Pfeffer und Balsamessig abschmecken.

TIPP: Weil die Linsen-Bolognese so gut schmeckt, sich einige Tage im Kühlschrank aufbewahren lässt und zudem vielfältig eingesetzt werden kann, werden davon gleich 4 Portionen gemacht. Die fleischlose Bolognese passt natürlich gut zu Teigwaren aller Art, die Sie während der Kochzeit in einem zweiten Topf nach Packungsanleitung zubereiten können. Lecker schmeckt sie aber auch als Brotaufstrich, zu gekochten Kartoffeln oder als Soße zu Geflügel.

Brokkoli-Pancakes

8,2g BAL

FÜR 8 STÜCK
PRO PORTION (4 STÜCK): 392 KCAL | 22,8 G E | 20,9 G F | 23,8 G KH, DAVON 7,8 G ZUCKER
1 STÜCK ALS SNACK: 98 KCAL | 5,7 G E | 5,2 G F | 6,0 G KH, DAVON 1,7 G ZUCKER | 2,0 G BAL

ZUTATEN

- 400 g Brokkoli
- 1 l Wasser
- Salz
- 2 Eier, Größe M
- 50 g Dinkelvollkornmehl oder Weizenmehl Type 1050
- 1 TL Backpulver
- 100 g Quark (20 % Fett)
- ½ TL gemahlene Kurkuma
- 1 Prise schwarzer gemahlener Pfeffer
- 2 EL Rapsöl

1. Brokkoli putzen, waschen und in Röschen teilen. Den Strunk schälen und würfeln. Wasser mit etwas Salz in einen Topf geben, einen Dampfgareinsatz einhängen und den Brokkoli da hineingeben. In etwa 10 Minuten weich dämpfen. (Alternativ den Brokkoli ins kochende Wasser geben und anschließend abgießen und gut abtropfen lassen.)
2. In der Zwischenzeit aus Eiern, Mehl, Backpulver, Quark, Kurkuma, Salz und Pfeffer in einer Schüssel mit dem Schneebesen einen Teig rühren.
3. Den Brokkoli auf einem Küchenbrett ausbreiten und mit einer Gabel oder einem Kartoffelstampfer zerkleinern. Dann unter den Teig heben.
4. 1 EL Rapsöl bei geringer Hitze in einer geräumigen Pfanne erwärmen und mit einer kleinen Kelle 4 Fladen mit circa 10 cm Durchmesser hineinsetzen. Nach 2 Minuten wenden und in weiteren 2 Minuten fertig backen. Mit der zweiten Hälfte des Teigs ebenso verfahren.

TIPP: Übrig gebliebene Pancakes können Sie gut mitnehmen und kalt essen. Oder Sie frieren sie ein. Schmeckt auch gut mit ein paar Spinat-, Rucola- oder Löwenzahnblättern im Teig.

Süßkartoffeln aus dem Ofen mit Schafskäse

6,5g BAL

FÜR 2 PORTIONEN

PRO PORTION: 478 KCAL | 12,0 G E | 24,4 G F | 49,4 G KH, DAVON 8,5 G ZUCKER

ZUTATEN

2 Süßkartoffeln (à ca. 200 g)
2 EL Leinöl
Salz
gemahlener Zimt (optional)
100 g Schafskäse
2 Stängel krause oder glatte Petersilie

1. Den Backofen auf 200 °C Ober-/Unterhitze (Umluft: 180 °C) vorheizen.
2. Die Süßkartoffeln gründlich unter fließendem Wasser abbürsten und ungeschält auf ein mit Backpapier ausgelegtes Blech setzen. Je nach Dicke 50–60 Minuten im Ofen backen.
3. Währenddessen Leinöl mit Salz und – nach Belieben – 1–2 Prisen Zimt verrühren. Den Schafskäse mit einer Gabel grob zerbröseln. Die Petersilie waschen, mit Küchenpapier trocken tupfen und die Blätter von den Stängeln zupfen.
4. Die Süßkartoffeln mit einem scharfen Messer längs einschneiden, den Inhalt mit einer Gabel etwas auflockern. Mit dem gewürzten Leinöl beträufeln und mit Schafskäse und Petersilie bestreuen.

INFO: Süßkartoffeln sind nicht nur ausgezeichnete Ballaststofflieferanten. Sie werden auch als das »gesündeste Gemüse der Welt« bezeichnet. Sekundäre Pflanzenstoffe, besonders die Karotinoide, sowie reichlich Vitamin A beugen Entzündungen vor und tun der Leber gut.
Was bis vor Kurzem nur auf süd- und mittelamerikanischen Märkten lag, hat unsere Marktstände im Sturm erobert. Süßkartoffeln werden mittlerweile sogar in unseren Regionen angebaut, außerdem ist die Pflanze ein Hingucker im Garten.

Möhren-Lauch-Auflauf

7,1g BAL

FÜR 4 PORTIONEN

PRO PORTION: 333 KCAL | 13,8 G E | 15,5 G F | 30,9 G KH, DAVON 11,6 G ZUCKER

ZUTATEN

- 1 Zwiebel
- 300 g Möhren
- 300 g Kartoffeln
- 2 Stangen Lauch (ca. 300 g geputzt gewogen)
- 4 Stängel glatte Petersilie oder 10 g Rucola
- 1 Zweig Rosmarin (optional)
- 2 EL Rapsöl
- 100 ml Gemüsebrühe (Fertigprodukt)
- 300 ml Milch
- 3 Eier, Größe M
- 40 g Haferflocken
- 1 gestrichener TL Salz
- etwas Fett für die Form

1. Die Zwiebel abziehen und fein hacken. Möhren und Kartoffeln schälen, putzen und in feine Streifen schneiden oder hobeln. Den Lauch putzen, am oberen Ende aufschlitzen, auffächern und gründlich waschen. Lauch in feine Scheiben schneiden. Petersilie (oder Rucola) und – nach Belieben – Rosmarin waschen, mit Küchenpapier trocken tupfen, die Blätter von den Stängeln zupfen und hacken.
2. Backofen auf 180 °C Ober-/Unterhitze (Umluft: 160 °C) vorheizen.
3. Rapsöl in einer beschichteten Pfanne erhitzen und Zwiebel und Petersilie darin 3 Minuten unter Rühren andünsten. Die Lauchringe dazugeben und weitere 3–4 Minuten garen. Dann Möhren und Kartoffeln unterheben.
4. Gemüsebrühe, Milch, Eier, Haferflocken und Salz in einem hohen Gefäß mit dem Schneebesen verquirlen. Eine Auflaufform (circa 23 cm Durchesser) dünn einfetten und das Gemüse hineingeben. Mit der Eiermilch begießen und nach Belieben mit gehacktem Rosmarin bestreuen.
5. 45 Minuten im Ofen backen, bis die Oberfläche schön goldgelb ist.

TIPP: Einen solchen Auflauf können Sie auch mit anderem Gemüse machen, beispielsweise mit Zucchini, Kohlrabi oder Süßkartoffeln. Wichtig ist, dass Sie auf insgesamt etwa 900 g Gemüse kommen. Der Auflauf kann gut portionsweise aufgewärmt oder sogar kalt gegessen werden.

Risotto mit Rucola oder Löwenzahn

2,6g BAL

FÜR 2 PORTIONEN

PRO PORTION: 518 KCAL | 18,3 G E | 20,8 G F | 63,2 G KH, DAVON 2,6 G ZUCKER

ZUTATEN

400 ml Gemüsebrühe oder -fond (Fertigprodukt)
30 g Parmesan
1 kleine Zwiebel
1 EL Olivenöl
160 g Risottoreis, z. B. Arborio, Vialone oder Carnaroli
25 g Rucola oder Löwenzahnblätter
20 g Butter

1. Gemüsebrühe oder -fond in einem kleinen Topf erhitzen.
2. Währenddessen den Parmesan fein reiben. Die Zwiebel abziehen und sehr fein hacken.
3. Olivenöl in einem zweiten Topf sanft erhitzen und die Zwiebel darin unter Rühren anschwitzen.
4. Den ungewaschenen (!) Reis unterrühren und unter Rühren glasig dünsten. Mit etwa 100 ml der heißen Brühe aufgießen. Rühren, bis die Flüssigkeit verdunstet ist, dann die restliche Brühe zufügen und den Reis bei mittlerer Hitze 10–12 Minuten garen.
5. In dieser Zeit Rucola oder Löwenzahn waschen, trocken schütteln und eventuell die harten Stängel entfernen. Die Blätter in Streifen schneiden.
6. Die Rucola- oder Löwenzahnstreifen unter den Reis heben und alles zusammen noch etwa 1 Minute ziehen lassen, damit sich das Aroma entfalten kann.
7. Butter und geriebenen Parmesan unterheben und das Risotto auf 2 Teller verteilen.

TIPP: Wenn Sie sicher sein können, dass die Löwenzahnblüten unbehandelt und nicht verschmutzt sind, können Sie diese klein gehackt zusammen mit den Blättern unter das Risotto mischen. Sie schmecken ein klein wenig süßlich und geben einen lustigen gelben Farbtupfer. Falls Sie mehr Ballaststoffe zu sich nehmen wollen, können Sie auch eine Vollkorn-Risottoreis-Variante zubereiten. Dafür müssen Sie etwa die Hälfte mehr Flüssigkeit und die doppelte Kochzeit einplanen.

Spinatquiche mit Frischkäse

5,0g BAL

FÜR 4 PORTIONEN
PRO PORTION 454 KCAL | 20,7 G E | 24,1 G F | 36,2 G KH, DAVON 7,9 G ZUCKER

ZUTATEN

- 25 g Haferflocken
- 150 g Dinkelvollkornmehl oder Weizenmehl Type 1050
- Salz
- 250 g Quark (20 % Fett)
- 2 EL Olivenöl
- 2 Eier, Größe M
- 75 g frischer Spinat
- 1 Bund Lauchzwiebeln
- 200 g saure Sahne (10 % Fett)
- Pfeffer
- Mehl für die Arbeitsfläche
- Fett für die Form
- 100 g Frischkäse oder Schafskäse

1. Haferflocken, Dinkelvollkornmehl und 1 TL Salz auf der Arbeitsfläche vermischen und anhäufen. In die Mitte eine Kuhle drücken und 125 g Quark, 1 EL Olivenöl und 1 Ei hineingeben. Von außen her die Zutaten vermischen und schnell zu einem glatten Teig kneten. 15 Minuten im Kühlschrank zugedeckt ruhen lassen.
2. In der Zwischenzeit den Spinat waschen, verlesen und in einem Sieb abtropfen lassen. Die Lauchzwiebeln putzen, waschen und mit viel Grün in Ringe schneiden.
3. Den Backofen auf 180 °C Ober-/Unterhitze (Umluft: 160 °C) vorheizen.
4. Das restliche Öl in einer hohen beschichteten Pfanne sanft erhitzen, Zwiebelringe darin glasig dünsten. Nassen Spinat dazugeben und 1 Minute zugedeckt dünsten, bis er zusammengefallen ist.
5. Den restlichen Quark, das zweite Ei und die saure Sahne in einer Schüssel verrühren und mit Salz und Pfeffer würzen.
6. Den Teig auf einer bemehlten Arbeitsfläche dünn ausrollen. Eine Quicheform (28 cm Durchmesser) einfetten und mit Teig auskleiden. Den Boden mit einer Gabel mehrmals einstechen.
7. Das Spinat-Zwiebel-Gemisch eventuell in einem Sieb noch etwas abtropfen lassen, dann auf dem Teig verteilen. Mit der Quarkmischung begießen. Den Frischkäse in Flocken (oder den zerbröselten Schafskäse) darauf verteilen und die Quiche 30 Minuten im Ofen backen, bis die Ränder goldgelb sind.

8. Die Quiche 5 Minuten im abgeschaltetem Ofen ruhen lassen, dann in 4 oder 8 Teile schneiden und gleich genießen oder einen Teil der Quiche zum Mitnehmen im Kühlschrank aufbewahren. Die Quiche kann auch portionsweise eingefroren werden.

INFO: Mischen Sie sooft es Ihnen möglich ist ein paar Löffel Haferflocken, Haferkleie, Hafergrütze oder Hafermehl in Ihre Mahlzeiten. Das verändert den Geschmack der Speisen nicht, tut aber Darm und Leber sehr gut. Im Allgemeinen essen wir ohnehin viel zu wenige dieser unverdaulichen beziehungsweise im Darm quellenden Nahrungsbestandteile. Wir brauchen sie aber dringend für eine gesunde Darmflora. In Haferprodukten ist zudem Beta-Glucan enthalten, das im Darm Flüssigkeit bindet, wodurch ein zähflüssiger Schleim entsteht, der die Darmwand regelrecht streichelt.

Sauerkrautpuffer mit Pilzen

9,3g BAL

FÜR 4 PORTIONEN
PRO PORTION: 370 KCAL | 13,2 G E | 9,4 G F | 53,4 G KH, DAVON 8,3 G ZUCKER
1 STÜCK ALS SNACK: 123 KCAL | 4,4 G E | 3,1 G F | 17,8 G KH, DAVON 2,8 G ZUCKER | 3,1 G BAL

ZUTATEN

- 300 g Kartoffeln
- 200 g Äpfel
- 100 g Dinkelvollkornmehl oder Weizenmehl Type 1050
- 100 g Haferflocken
- 2 Eier, Größe M
- Salz
- Pfeffer
- 150 g frische Pilze nach Wahl, z. B. Shiitake oder Kräuterseitlinge
- 250 g frisches Sauerkraut
- 1 EL Rapsöl

1. Den Backofen auf 200 °C Ober-/Unterhitze (Umluft: 180 °C) vorheizen.
2. Kartoffeln schälen, waschen und grob raspeln. Äpfel schälen, vierteln, Kerngehäuse entfernen und das Fruchtfleisch ebenfalls grob raspeln. Beides in eine Schüssel geben.
3. Dinkelmehl, Haferflocken, Eier, Salz und Pfeffer dazugeben und alles zu einem Teig verrühren.
4. Die Pilze mit Küchenpapier säubern und grob hacken.
5. Das Sauerkraut gut abtropfen lassen, mit einer Gabel zerpflücken und zusammen mit den Pilzen unter den Teig heben.
6. Ein Backblech mit Rapsöl bepinseln. Aus dem Teig 12 Puffer von etwa 10 cm Durchmesser formen und diese auf das Blech legen. Die Puffer 10–12 Minuten im Ofen backen, dann einmal wenden und in weiteren 10–12 Minuten goldgelb backen.

TIPP: Die Puffer sind für 4 Portionen gedacht, denn Sie können diese gut mitnehmen, weil sie auch kalt schmecken. Dazu passt gesalzener Joghurt oder saure Sahne.

Hafer-Bowl mit Avocado und Ei

10,0g
BAL

FÜR 2 PORTIONEN

PRO PORTION: 480 KCAL | 19,9 G E | 22,6 G F | 33,3 G KH, DAVON 1,8 G ZUCKER

ZUTATEN

150 g Haferkörner (ca. 360 g vorgekochte Haferkörner)
Salz
1 kleine reife Avocado
2 hart gekochte Eier, Größe M
100 g Salatgurke
20 g grüner Salat, z. B. Feldsalat, Endiviensalat oder Lollo bianco
2 EL Apfelessig
1 EL Oliven- oder Leinöl
Pfeffer
2 TL Sesamsaat

1. Den Hafer in ein Sieb geben und kalt abbrausen. In einem Topf mit 300 ml Salzwasser zum Kochen bringen und bei geringer Hitze 30 Minuten zugedeckt köcheln lassen. Abschließend 15 Minuten offen ausdampfen und weiterquellen lassen.
2. Die Avocado längs halbieren, den Kern entfernen und das Fruchtfleisch mit einem Löffel aus der Schale heben. Die Eier schälen und halbieren. Die Salatgurke waschen und in Scheiben schneiden. Den grünen Salat waschen und abtropfen lassen.
3. Apfelessig, Olivenöl, Salz und Pfeffer in eine Schüssel geben und mit dem Schneebesen verrühren.
4. Den gekochten Hafer in 2 Suppenteller füllen und die vorbereiteten Zutaten darauf verteilen. Mit der Soße beträufeln und mit Sesamsaat bestreuen.

Avocado-Bowl mit Kichererbsen und Süßkartoffeln

16,6g BAL

FÜR 2 PORTIONEN

PRO PORTION: 656 KCAL | 13,0 G E | 39,4 G F | 54,2 G KH, DAVON 2,0 G ZUCKER

ZUTATEN

- 1 Glas gekochte Kichererbsen (220 g Abtropfgewicht)
- 150 g Süßkartoffeln
- 2 EL Sesam- oder Olivenöl
- ½ TL gemahlene Kurkuma
- ½ TL Paprikapulver, scharf, oder Cayennepfeffer
- Salz
- 50 g weiße oder dunkle Quinoa
- 100 ml Wasser
- 75 g Babyspinat oder Rucola
- 100 g Cocktailtomaten
- 1 reife Avocado (ca. 150 g)
- 1 Limette oder Zitrone
- 1 TL Honig
- 1 TL scharfer Senf
- Pfeffer
- 2 TL dunkle oder helle Sesamsaat nach Belieben

1. Den Backofen auf 200 ° C Ober-/Unterhitze (Umluft: 180 °C) vorheizen.
2. Die Kichererbsen durch ein Sieb abgießen und so lange kalt abbrausen, bis es nicht mehr schäumt. Gut abtropfen lassen und mit Küchenpapier trocken tupfen.
3. Die Süßkartoffel schälen und in etwa 1 cm große Würfel schneiden. In einer Schüssel 1 EL Sesamöl mit Kurkuma, Paprikapulver und ½ TL Salz gut vermischen. Die Kichererbsen und Süßkartoffeln darin wenden, sodass sie rundherum mit Öl benetzt sind.
4. Kichererbsen und Süßkartoffeln auf ein mit Backpapier ausgelegtes Backblech geben. 25–30 Minuten knusprig backen. Alle 5 Minuten rütteln, damit nichts anbrennt. In eine Schüssel umfüllen, abkühlen lassen.
5. In der Zwischenzeit die Quinoa in ein Sieb geben und heiß abbrausen. Wasser mit 1 Prise Salz in einen kleinen Topf füllen, die Quinoa dazugeben, aufkochen und bei milder Hitze offen auf kleiner Hitze garen.
6. Spinat waschen und abtropfen lassen. Die Tomaten waschen und vierteln. Die Avocado längs halbieren, den Kern entfernen und das Fruchtfleisch mit einem Löffel aus der Schale heben. In Streifen schneiden.
7. Die Limette auspressen – es soll circa 50 ml Saft ergeben. Aus Limettensaft, dem restlichen Öl, Honig, Senf, Salz und Pfeffer eine Marinade rühren.
8. Alle Zutaten auf 2 Schüsseln verteilen. Mit Sesamsaat bestreuen. Die Marinade getrennt dazu reichen.

TIPP: Die beliebten Bowls können Sie aus allen möglichen anderen Zutaten machen. Wenn Sie auf Low Carb Wert legen, lassen Sie die Kichererbsen einfach weg. Übrigens: Geröstete Kichererbsen sind eine leckere Nascherei und Kohlenhydratspender, wenn Sie mal schnell verfügbare Energie, zum Beispiel beim Sport, benötigen.

Wenn Sie sich mit den modischen Bowls, die Sie mit allen möglichen Zutaten bestücken können, angefreundet haben und auch Hafer darin verwenden wollen, sollten Sie diesen vorkochen. Denn für nur eine Mahlzeit lohnt die längere Kochzeit nicht und Sie können Hafer gut portionsweise einfrieren.

Die gekochten Körner können Sie nicht nur für Bowls einsetzen, sondern auch statt der üblichen Flocken als Müsli essen oder unter eine Gemüsepfanne rühren und dabei mit anbraten.

ZUTATEN

1 kg Bio-Haferkörner
2 l Wasser
Salz

1. Haferkörner in ein Sieb geben und mit kaltem Wasser abbrausen.
2. Mit Wasser und etwas Salz in einen mittelgroßen Topf geben, aufkochen lassen und dann bei geringer Hitze 30–35 Minuten zugedeckt köcheln lassen.
3. Den Topf vom Herd nehmen, die Haferkörner mit einer Gabel auflockern und nachquellen lassen, bis sie abgekühlt sind.

100 g Haferkörner ergeben etwa 250 g gekochte Körner. Um 400 g fertig verwendbare Körner zu erhalten, müssen Sie 150 g rohe Körner kochen.

Omelett-Schnittchen mit Schinken und Rucola

2,4g BAL

FÜR 2 PORTIONEN

PRO PORTION: 405 KCAL | 18,8 G E | 17,7 G F | 41,3 G KH, DAVON 5,1 G ZUCKER

ZUTATEN

- 75 g Rucola
- 500 ml Wasser
- Salz
- 2 Lauchzwiebeln
- 2 Eier, Größe M
- Pfeffer
- 100 ml Vollmilch
- 100 g Weizenmehl Type 550
- 1 Schuss Mineralwasser mit Kohlensäure
- 4 TL Butter
- 2 Scheiben gekochter Schinken

1. Den Rucola waschen, verlesen und die harten Stiele eventuell abschneiden. Wasser in einem Topf zum Kochen bringen, salzen und den Rucola kurz darin blanchieren. Durch ein Sieb abgießen und gut abtropfen lassen.
2. Die Lauchzwiebeln putzen, waschen und mit möglichst viel vom dunklen Grün sehr fein hacken.
3. Die Eier mit Salz, Pfeffer und Milch in eine Schüssel geben und mit dem Schneebesen schaumig schlagen. Das Mehl gut unterrühren, sodass keine Klümpchen entstehen. Zum Schluss noch das Mineralwasser einrühren.
4. Jeweils 1 TL Butter in einer kleinen beschichteten Pfanne (etwa 20 cm Bodendurchmesser) erhitzen und nacheinander 4 Omeletts backen. 2 Omeletts mit Schinken, die beiden anderen mit dem Rucola und Lauchzwiebeln belegen. Die Omeletts aufrollen und in Scheiben schneiden.

Omelett mit Pilzen

0,4g BAL

FÜR 2 PORTIONEN

PRO PORTION: 271 KCAL | 15,2 G E | 22,2 G F | 2,5 G KH, DAVON 1,1 G ZUCKER

ZUTATEN

- 4 Eier, Größe M
- Salz
- Pfeffer
- ½ TL gemahlene Kurkuma
- 50 ml kohlensäurehaltiges Mineralwasser
- 100 g braune Champignons oder Shiitake- oder Austernpilze
- 1 EL kalt gepresstes Rapsöl
- 2 EL frisch gehackte glatte Petersilie
- 30 g Frischkäse

1. Die Eier mit Salz, Pfeffer, Kurkuma und Mineralwasser in eine kleine Schüssel geben und mit dem Schneebesen verquirlen.
2. Die Champignons mit Küchenpapier säubern und – je nach Größe – vierteln oder in Scheiben schneiden.
3. Das Öl in einer beschichteten Pfanne erhitzen und die Champignons darin unter Rühren 2–3 Minuten anbraten. Die gehackte Petersilie untermischen.
4. Die Eiermasse darübergießen und den Frischkäse in Flocken darauf verteilen. Die Eiermasse zugedeckt bei milder Hitze in 2–3 Minuten stocken lassen.
5. Das Omelett zusammenklappen, halbieren und auf 2 Teller gleiten lassen.

INFO: Keine Angst vor Eiern! Etwa 3 Eier pro Woche (Empfehlung der Deutschen Gesellschaft für Ernährung) sind auch hinsichtlich Ihres Cholesterinspiegels völlig unbedenklich und helfen sogar Ihrer Leber bei der Entgiftungsarbeit. Die hochwertigen Proteine, wichtige Nährstoffe wie Vitamin A, B-Vitamine und Karotinoide pushen den Stoffwechsel, regenerieren die Haut, machen Haare glänzend und geschmeidig. Besonders leberwirksam ist das enthaltene Lezithin, welches die Bildung des »guten« HDL-Cholesterins fördert.

Rührei mit Lachs

0,4g
BAL

FÜR 2 PORTIONEN

PRO PORTION: 350 KCAL | 24,8 G E | 26,9 G F | 1,9 G KH, DAVON 0,5 G ZUCKER

ZUTATEN

4 Eier, Größe M
Salz
Pfeffer
30 ml Mineralwasser mit Kohlensäure
2 Stängel glatte Petersilie
25 g Butter
100 g geräucherter Bio-Lachs

1. Die Eier mit Salz, Pfeffer und Mineralwasser in eine Schüssel geben und mit dem Schneebesen verquirlen.
2. Petersilie waschen, mit Küchenpapier trocken tupfen, die Blätter von den Stängeln zupfen und hacken.
3. Butter in einer beschichteten Pfanne bei geringer Hitze schmelzen, die Eimasse hineingießen und unter ständigem Rühren zur gewünschten Konsistenz stocken lassen.
4. Lachs in mundgerechte Stücke schneiden. Rühreier auf 2 Tellern anrichten und den Lachs und die Petersilie darauf verteilen.

INFO: Geräucherter Lachs hat dieselben wertvollen Omega-3-Fettsäuren wie frischer Fisch. Viel Eiweiß und Vitamin D geben einen zusätzlichen Gesundheitskick. Leider sind Produkte aus Zuchtlachs häufig belastet – dazu kommen die beklagenswerten Zustände in manchen Aquakulturen. Bringen Sie daher Lachs lieber seltener auf den Tisch, dann aber die teureren Produkte aus Bio-Aufzucht oder Wildfang.

Kleine Gerichte – Salate

Salate sind eine gute Möglichkeit, um unkompliziert von der positiven Wirkung guter Öle zu profitieren. Man könnte annehmen, dass eine Fettleber etwas mit dem Fettkonsum zu tun hat – das stimmt aber nicht ganz. Nur die »schlechten« Fette schädigen, das sind hauptsächlich Transfette und gehärtete Öle, wie sie in industriell gefertigten Lebensmitteln eingesetzt werden.

Für die lebergesunde Ernährung sollte das Verhältnis von Omega-3-Fettsäuren zu den in geringerer Menge auch nützlichen Omega-6-Fettsäuren etwa 1 zu 3 betragen. Heutzutage üblich sind bis zu 1 zu 30, also ein bei Weitem zu hoher Omega-6-Anteil.

»Gesunde« Fette sind kalt gepresstes Oliven- und Rapsöl zum Braten und Leinöl und Nussöle in Salaten. Da gibt es Walnussöl, Macadamianussöl, Haselnuss- und Erdnussöl und noch viele mehr. Einige Ölmühlen haben – zumindest in Großstädten – eigene Geschäfte, wo Sie die Öle verkosten oder auch ein kleines Probesortiment erwerben können.

Salate, besonders diejenigen, die unter 20 Gramm Kohlenhydrate pro Portion enthalten, können Sie unbesorgt auch am Abend essen.

Radieschensalat mit Bohnen

6,2g
BAL

FÜR 2 PORTIONEN

PRO PORTION: 316 KCAL | 3,4 G E | 14,4 G F | 41,3 G KH, DAVON 7,2 G ZUCKER

ZUTATEN

1 rote Zwiebel
1 Zitrone
Salz
2 EL Leinöl
1 Bund Radieschen (ca. 200 g geputzt gewogen)
200 g Staudensellerie
250 g rote oder weiße Bohnen aus der Dose
2 Stängel glatte Petersilie
Pfeffer

TIPP: Gut schmecken in diesem Salat auch 130 g Thunfisch naturell, 2 hart gekochte Eier, ein paar Oliven oder eingelegte Kapern.

1. Die Zwiebel abziehen, längs halbieren und in feine Scheiben schneiden. Die Zitrone auspressen – Sie benötigen circa 50 ml Saft.
2. Zitronensaft, 1 Prise Salz und Leinöl in einer Salatschüssel mit dem Schneebesen zu einem Dressing verrühren. Die Zwiebelscheiben untermischen und etwas ziehen lassen. (Je länger die Zwiebelscheiben ziehen, desto weicher und milder werden sie.)
3. Radieschen und Staudensellerie waschen, putzen und in Scheiben schneiden. Das Grün des Selleries mitverwenden und klein schneiden. Die Bohnen in ein Sieb abgießen und mit kaltem Wasser abbrausen. Die vorbereiteten Zutaten in die Salatschüssel geben und gut mit dem Dressing vermischen.
4. Petersilie waschen, gut trocken schütteln, die Blätter von den Stängeln zupfen und hacken. Salat mit Salz und Pfeffer abschmecken und mit Petersilie bestreuen.

INFO: Nein, gutes Öl schadet auch bei Fettleber nicht! Im Gegenteil! Gerade der hohe Anteil an Omega-3-Fettsäuren im Leinöl entgiftet, entfettet und wirkt entzündungshemmend. Dazu kommen noch Vitamin E und Bitterstoffe. 1 TL täglich zeigt schon Wirkung.
Studien der Deutschen Gesellschaft für Fettwissenschaft e. V. belegen, dass Leinöl die Leberenzyme verbessert und gleichzeitig positiv auf die Darmflora wirkt.
Verwenden Sie frisches Leinöl in Bioqualität – am besten im Kühlschrank aufbewahren, da es schnell ranzig wird. Wenn Sie größere Mengen kaufen, können Sie Leinöl auch in kleinen Portionen (zum Beispiel im Eiswürfelbehälter) einfrieren.

Rucolasalat mit Räucherlachs

2,8g
BAL

FÜR 2 PORTIONEN

PRO PORTION: 387 KCAL | 25,8 G E | 28,4 G F | 5,8 G KH, DAVON 3,4 G ZUCKER

ZUTATEN

250 g Rucola
½ Zitrone
1 EL kalt gepresstes Olivenöl
Salz
Pfeffer
200 g geräucherter Bio-Lachs
2 EL Löwenzahnpesto (Rezept Seite 178) oder Rucolapesto aus dem Bioladen

1. Den Rucola waschen, verlesen und – wenn nötig – die harten Stiele entfernen. Gut abtropfen lassen.
2. Die Zitrone auspressen – das sollte 25–30 ml Saft ergeben. Aus Zitronensaft, Olivenöl, Salz und Pfeffer in einer Schüssel mit dem Schneebesen ein cremiges Dressing rühren.
3. Den Rucola unterheben und etwas ziehen lassen. Die Lachsscheiben halbieren oder vierteln.
4. Rucola auf 2 Teller geben, Pesto mit einem Löffel darauf verteilen und den Lachs obenauf setzen.

TIPP: Den Salat können Sie gerne auch zum Abendessen einplanen. Er enthält viel Eiweiß, jedoch nur wenig Kohlenhydrate!

Gurkensalat mit Spinat und Kichererbsen

12,6g
BAL

FÜR 2 PORTIONEN

PRO PORTION: 419 KCAL | 7,6 G E | 33,2 G F | 17,3 G KH, DAVON 6,6 G ZUCKER

ZUTATEN

- 1 Zitrone
- 2 EL Leinöl
- Salz
- Pfeffer
- 4 Stängel glatte Petersilie
- 100 g Babyspinat
- 200 g Salatgurke
- 1 reife Avocado (ca. 150 g)
- 200 g Cocktailtomaten
- 130 g Kichererbsen aus der Dose

1. Die Zitrone auspressen – Sie benötigen etwa 50 ml Saft. Zitronensaft mit Leinöl, Salz und etwas Pfeffer in einer Salatschüssel mit dem Schneebesen zu einem Dressing verrühren.
2. Die Petersilie waschen, mit Küchenpapier trocken tupfen und die Blätter von den Stängeln zupfen. Spinat waschen, verlesen und gut abtropfen lassen. Wenn nötig, größere Blätter in Streifen schneiden. Petersilie und Spinat mit dem Dressing vermischen.
3. Die Salatgurke waschen, abtrocknen, längs halbieren und in Scheiben schneiden.
4. Die Avocado längs halbieren, den Kern entfernen, das Fruchtfleisch mit einem Löffel aus der Schale heben und würfeln. Die Tomaten waschen, abtropfen lassen und halbieren oder vierteln.
5. Die Kichererbsen in ein Sieb abgießen, mit kaltem Wasser abbrausen und abtropfen lassen.
6. Gurke, Avocado und Tomaten mit dem Spinat vermischen, die Kichererbsen unterheben und den Salat mit Salz und Pfeffer abschmecken.

INFO: Spinat, ob der zarte junge oder der gröbere (dafür aromatischere) Winterspinat, ist kalorienarm und enthält dennoch eine Reihe wichtiger Nährstoffe: Vitamin C, viel Betacarotin sowie Kalium, Magnesium und Eisen – nur eine kleine, für die Leber wichtige Auswahl der mehr als 100 nachgewiesenen Inhaltsstoffe.

Spinatsalat mit gebratenem Rosenkohl

10,8g BAL

FÜR 2 PORTIONEN

PRO PORTION: 469 KCAL | 12,4 G E | 27,2 G F | 38,3 G KH, DAVON 12,2 G ZUCKER

ZUTATEN

- 50 g rohe weiße Quinoa oder ca. 150 g vorgekochte Quinoa
- 125 ml Gemüsebrühe (Fertigprodukt)
- 100 g Babyspinat
- 250 g Hokkaidokürbis
- 250 g Rosenkohl
- 2 EL kalt gepresstes Rapsöl
- 50 ml Apfelessig
- Salz
- Pfeffer
- 30 g Pekan- oder Walnusshälften
- 30 g Granatapfelkerne (optional)

1. Quinoa in ein Sieb geben und heiß abbrausen. Gemüsebrühe in einen kleinen Topf geben, aufkochen lassen, die Quinoa dazugeben und circa 15 Minuten bei geringer Hitze köcheln lassen. Anschließend den Topf vom Herd nehmen, die Quinoa mit einer Gabel auflockern und ausdampfen und auskühlen lassen.
2. In der Zwischenzeit den Spinat waschen, verlesen und gut abtropfen lassen.
3. Die Schale des Hokkaido säubern, die Kerne entfernen und das Fruchtfleisch in Würfel schneiden. Rosenkohl putzen, waschen und halbieren oder vierteln.
4. Das Rapsöl in einer geräumigen beschichteten Pfanne erhitzen. Kürbis und Rosenkohl darin unter häufigem Rühren rundherum anbraten. Dann mit Apfelessig ablöschen und in eine Salatschüssel geben.
5. Quinoa und Spinat untermischen, mit Salz und Pfeffer abschmecken und Salat mit den Pekannusshälften und – nach Belieben – Granatapfelkernen bestreuen.

INFO: Die südamerikanische Quinoa, die als Pseudogetreide und Superfood bekannt geworden ist, enthält alle essenziellen Aminosäuren, viele Ballaststoffe und Eisen – alles gute Stoffe für eine gesunde Leber. Die Liste ist lang, was Quinoa alles bewirken kann, und laufend kommen neue Erkenntnisse über die gesundheitlichen Wohltaten der glutenfreien Körnchen dazu. Quinoa ist ein Alleskönner in der Küche, sie passt ins Müsli, in Suppen, auf Salat oder als Beilage. Es gibt sie hell, dunkel und rot oder alle drei Farben gemischt.

Wenn Sie öfter Salat mit der gesunden Quinoa zubereiten oder diese auch im Müsli verwenden wollen, lohnt sich das Vorkochen.

ERGIBT 16 PORTIONEN À CA. 100 G

ZUTATEN

500 g rohe Quinoa, Farbe beliebig
1200 ml Wasser
½ TL Salz

1. Quinoa in ein Sieb geben und heiß abbrausen. Wasser mit Salz in einen größeren Topf geben und aufkochen lassen. Quinoa einrühren und 15 Minuten offen bei mittlerer Hitze garen.
2. Den Topf vom Herd nehmen, die Quinoa mit einer Gabel auflockern und circa 15 Minuten ausdampfen lassen.
3. Die fertige Quinoa in Portionen nach Bedarf aufteilen und 5–7 Tage gut verschlossen im Kühlschrank oder bis zu 6 Monate im Tiefkühler aufbewahren.

Für die Zubereitung in kleineren Mengen rechnen Sie immer die doppelte Menge Wasser (Hohlmaß verwenden!). 50 g Quinoa roh ergeben circa 150 g verzehrfertige Quinoa, für 100 g verzehrfertige Quinoa müssen Sie circa 35 g rohe Körner kochen.

Brokkolisalat mit Quinoa

10,0g BAL

FÜR 2 PORTIONEN

PRO PORTION: 492 KCAL | 13,0 G E | 18,5 G F | 64,3 G KH, DAVON 8,8, G ZUCKER

ZUTATEN

- 125 g rohe bunte Quinoa
- 270 ml Gemüsebrühe (Fertigprodukt)
- 200 g Brokkoli
- 150 g Süßkartoffeln
- 500 ml Wasser
- 100 g Cocktailtomaten
- 2 Zweige Thymian
- ½ Zitrone
- 2 EL Leinöl
- ½ TL gemahlene Kurkuma
- Salz
- Pfeffer

1. Quinoa in ein Sieb geben und heiß abbrausen. Gemüsebrühe in einen kleinen Topf füllen, aufkochen lassen und die Quinoa einrühren. 15 Minuten bei geringer Hitze köcheln lassen. Anschließend den Topf vom Herd nehmen, die Quinoa mit einer Gabel auflockern und ausdampfen und abkühlen lassen.
2. Währenddessen Brokkoli putzen, waschen und die Köpfchen in mundgerechten Stücken vom Stiel schneiden. Stiel wenn nötig schälen und in etwa 1 cm große Würfel schneiden. Süßkartoffeln schälen und ebenfalls in 1 cm große Würfel schneiden.
3. Wasser in einen Topf füllen, Dampfgareinsatz einhängen, Brokkoli- und Süßkartoffelwürfel hineingeben und 10 Minuten zugedeckt dämpfen. Dann die Brokkoliköpfchen zufügen und alles zusammen weitere 5 Minuten dämpfen.
4. Tomaten waschen und halbieren. Thymian waschen, mit Küchenpapier trocken tupfen und die Blätter entgegen der Wuchsrichtung von den Stängeln streifen. Die Zitrone auspressen – das sollte 25–30 ml Saft ergeben.
5. Aus Zitronensaft, Öl, Kurkuma, Salz und 1 Prise Pfeffer in einer Salatschüssel mit dem Schneebesen ein cremiges Dressing rühren. Quinoa, Gemüse und Thymian unterheben und den Salat lauwarm oder abgekühlt servieren.

TIPP: Der Salat kann zugedeckt im Kühlschrank aufbewahrt werden und hat am nächsten oder übernächsten Tag ein noch intensiveres Aroma.

Grapefruitsalat mit Avocado und Garnelen

7,9g BAL

FÜR 2 PORTIONEN

PRO PORTION: 450 KCAL | 13,2 G E | 38,4 G F | 9,3 G KH, DAVON 8,4 G ZUCKER

ZUTATEN

- 100 g gekochte Bio-Garnelen (Kühltheke oder Fischhändler)
- 1 reife Avocado (ca. 200 g)
- 1 EL Zitronensaft
- 2 EL Leinöl
- Salz
- Pfeffer
- 1 Pink Grapefruit
- 1 Stängel Petersilie

1. Die Garnelen in ein Sieb geben, mit kaltem Wasser abbrausen und abtropfen lassen. Die Avocado längs halbieren, den Kern entfernen, das Fruchtfleisch mit einem Löffel herausheben und in Würfel schneiden.
2. Aus Zitronensaft, Leinöl, Salz und Pfeffer in einer Salatschüssel mit dem Schneebesen ein cremiges Dressing rühren. Garnelen und Avocado unterheben.
3. Grapefruit quer halbieren und mit einem scharfen Messer das Fruchtfleisch in kleinen Segmenten herausschneiden. Die Schale muss dabei intakt bleiben. (Alternativ die Grapefruit schälen, sodass möglichst wenig weiße Haut daranbleibt, und das Fruchtfleisch in Würfel schneiden. Dann später zum Servieren Schüsseln nehmen.)
4. Petersilie waschen, mit Küchenpapier trocken tupfen und die Blättchen vom Stängel zupfen.
5. Grapefruitstücke unter die Avocado-Garnelen-Mischung heben. Den Salat in die Grapefruithälften (oder 2 kleine Schüsseln) füllen und mit Petersilienblättchen garniert servieren.

TIPP: Statt Leinöl passt auch Nussöl gut zum Salat. Wenn Sie auch noch ein paar Nüsse darüberstreuen, bekommt Ihre Leber eine Extraportion des wichtigen Vitamins E.

Fenchelsalat mit Grapefruit und Nüssen

9,0g
BAL

FÜR 2 PORTIONEN

PRO PORTION: 431 KCAL | 9,6 G E | 32,3 G F | 21,6 G KH, DAVON 20,5 G ZUCKER

ZUTATEN

300 g Fenchel
500 ml Wasser
Salz
2 Pink Grapefruits
50 g Walnusskerne
2 EL Apfelessig
Pfeffer
2 EL Walnussöl

1. Den Fenchel putzen und – wenn erforderlich – die äußeren Blätter dünn abschälen, sonst waschen. Den Fenchel längs halbieren. Das Fenchelgrün abschneiden, hacken und beiseitelegen.
2. Fenchel mit den Schnittflächen nach unten in einen Dampfgareinsatz legen. Wasser mit 1 Prise Salz in einen Topf füllen, Dampfgareinsatz einsetzen und den Fenchel in 15 Minuten bissfest dämpfen. Herausnehmen und abkühlen lassen.
3. In der Zwischenzeit die Grapefruits schälen, in Spalten teilen und – nach Belieben – weiße Haut und Trennhäutchen entfernen. Walnüsse grob hacken.
4. Fenchel in Scheiben schneiden und mit Grapefruit, Nüssen und Fenchelgrün auf 2 Teller verteilen.
5. Aus Essig, Salz, Pfeffer und Walnussöl in einer kleinen Schüssel mit dem Schneebesen ein Dressing rühren und über den Salat träufeln.

INFO: Bitterstoffe, Antioxidantien, die Vitamine A und C – Grapefruits helfen, den Fettabbau in Ihrer Leber zu starten. Besonders der Bitterstoff Naringin sorgt für Cholesterinabbau und die Senkung des Blutzuckerspiegels. Zu viel Grapefruit kann sich allerdings ungünstig auf den Stoffwechsel auswirken. Also nicht jeden Tag und da auch nicht mehr als eine. Außerdem sind Wechselwirkungen mit einigen Medikamenten bekannt, so etwa Gerinnungshemmern, Antibabypille oder Antidepressiva. Wenn Sie regelmäßig Medikamente nehmen, erkundigen Sie sich bitte in Ihrer Apotheke, ob Grapefruit für Sie unbedenklich ist.

Couscous mit Roter Bete

10,4g
BAL

FÜR 2 PORTIONEN

PRO PORTION: 575 KCAL | 18,9 G E | 30,4 G F | 51,2 G KH, DAVON 11,8 G ZUCKER

ZUTATEN

- 200 ml Wasser oder Gemüsebrühe (Fertigprodukt)
- 100 g Couscous
- 100 g Babyspinat, Rucola oder grüne Salatblätter
- 1 rote Zwiebel
- 200 g Rote Bete (vorgekocht und eingeschweißt)
- 100 g Schafskäse
- 2 EL kalt gepresstes Olivenöl
- 2 EL Apfelessig
- Salz
- Pfeffer
- 20 g Sonnenblumenkerne

1. Wasser oder Brühe in einem Topf zum Kochen bringen. Couscous in eine Schüssel geben und mit dem kochenden Wasser oder der Brühe übergießen und verrühren. (Achtung: auf die empfohlene Wassermenge laut Packungsanleitung achten, sie kann variieren.) Couscous 15–20 Minuten quellen lassen, bis alle Flüssigkeit aufgesogen ist.
2. In der Zwischenzeit den Spinat waschen, verlesen, gut abtropfen lassen und auf 2 Tellern ausbreiten.
3. Die Zwiebel abziehen und in Ringe schneiden. Rote Bete aus der Packung nehmen und würfeln. Den Schafskäse aus der Packung nehmen und klein schneiden. Zwiebel, Rote Bete und Schafskäse auf dem Spinat verteilen.
4. Aus Olivenöl, Apfelessig, Salz und Pfeffer in einer kleinen Schüssel mit einem Schneebesen ein Dressing rühren.
5. Couscous auf dem Salat verteilen, mit den Sonnenblumenkernen bestreuen und das Ganze mit dem Dressing beträufeln.

INFO: Couscous, wie auch Bulgur, ist ideal für die schnelle Küche. Beides sind Getreideprodukte. Meist handelt es sich um geschnittene oder gepresste Kügelchen aus Hartweizen, Gerste, Hirse oder Buchweizen. Bei uns wird Couscous küchenfertig angeboten, Sie müssen es nur mit der gleichen bis doppelten Menge heißer Flüssigkeit (Packungsanleitung!) übergießen und ziehen lassen.

Linsensalat mit Radicchio und Schafskäse

8,3g BAL

FÜR 2 PORTIONEN
PRO PORTION: 545 KCAL | 24,4 G E | 32,5 G F | 34,8 G KH, DAVON 3,4 G ZUCKER

ZUTATEN

1 Zwiebel
2 EL Olivenöl
100 g rohe Tellerlinsen
300 ml Wasser oder Gemüsebrühe (Fertigprodukt)
2 EL oder mehr Apfelessig
Salz
Pfeffer
1 Staude Radicchio (ca. 250 g)
1 Stängel frische Minze
25 g Walnusskerne
80 g Schafskäse

1. Die Zwiebel abziehen, fein hacken und mit 1 EL Olivenöl in einem beschichteten Topf andünsten.
2. Die Linsen in ein Sieb geben, kalt abbrausen und mit dem Wasser oder der Brühe zur Zwiebel geben. Etwa 25 Minuten bei mittlerer Hitze bissfest garen und anschließend durch ein Sieb abgießen. (Je nach Alter der Linsen kann die Kochzeit und der Wasserbedarf etwas höher sein.)
3. In der Zwischenzeit in einer Salatschüssel Essig, Salz, Pfeffer und das restliche Olivenöl mit dem Schneebesen zu einem cremigen Dressing rühren.
4. Den Radicchio putzen, waschen und grob hacken. Mit den Linsen in die Schüssel geben und mit dem Dressing vermischen.
5. Die Minze waschen und mit Küchenpapier trocken tupfen. Die Blätter von den Stängeln zupfen und in Streifen schneiden.
6. Die Walnüsse hacken und nach Belieben in einer beschichteten Pfanne ohne Fett goldgelb rösten. Den Schafskäse in Würfel schneiden.
7. Den Linsensalat mit Salz und Pfeffer abschmecken und Minze, Walnüsse und Schafskäse locker unterheben. 15 Minuten durchziehen lassen und lauwarm oder abgekühlt genießen.

Brokkolisalat mit Grapefruit

8,2g BAL

FÜR 2 PORTIONEN

PRO PORTION: 261 KCAL | 8,4 G E | 14,8 G F | 19,5 G KH, DAVON 19,0 G ZUCKER

ZUTATEN

400 g Brokkoli
500 ml Wasser
1 Pink Grapefruit
1 rote Zwiebel
2 EL Apfelessig
2 EL Lein- oder Nussöl
Salz
Pfeffer
50 g Granatapfelkerne (etwa ½ Granatapfel, oder aus dem Kühlregal)

1. Die Brokkoli-Köpfchen abschneiden und waschen. Stiel putzen, eventuell schälen oder waschen und in etwa 1 cm große Würfel schneiden. Würfel in einen Dampfgareinsatz geben und die Brokkoli-Köpfchen obenauf legen. Wasser in einen Topf füllen, Dampfgareinsatz einsetzen und Brokkoli in 10–12 Minuten bissfest kochen und anschließend abkühlen lassen.
2. In der Zwischenzeit die Grapefruit schälen, sodass kaum weiße Haut übrig bleibt. Die Spalten mit einem kleinen Messer aus den Trennhäutchen lösen und in mundgerechte Stücke schneiden. Die Zwiebel abziehen und in feine Ringe schneiden.
3. Aus Essig, Öl, Salz und Pfeffer in einer Salatschüssel mit dem Schneebesen ein Dressing rühren. Brokkoli, Grapefruit und Zwiebel untermischen und mit den Granatapfelkernen bestreuen.

TIPP: Sie können den Salat noch mit gerösteten Mandeln oder gehackten Paranusskernen bestreuen. Paranüsse sind bekannt dafür, dass sie zur Selenversorgung beitragen. Das ist vor allem wichtig für das Immunsystem. Sie enthalten aber auch viel Zink und – wie alle Nüsse – ungesättigte Fettsäuren, Magnesium und Phosphor. Paranüsse sind von Natur aus radioaktiv. Zudem werden immer wieder höhere Werte des Schimmelpilzgifts Aflatoxin nachgewiesen – das hat ihnen einen schlechten Ruf eingebracht. Nehmen Sie Bio-Nüsse und essen Sie davon auch nur höchsten 3 Stück am Tag, dann können Sie die Vorteile unbesorgt genießen.

Wassermelone mit Rucola

2,6g
BAL

FÜR 2 PORTIONEN

PRO PORTION: 468 KCAL | 19,9 G E | 30,1 G F | 28,7 G KH, DAVON 20,3 G ZUCKER

ZUTATEN

500 g Wassermelone
160 g Schafskäse
100 g Rucola
2 Stängel frische Minze
4 EL Balsamessig
Pfeffer nach Belieben
40 g Walnusskerne

1. Die Wassermelone von der Schale befreien und in große Würfel schneiden. Den Schafskäse in Scheiben schneiden. Beides auf 2 Tellern über- oder nebeneinanderlegen.
2. Rucola waschen, verlesen und – wenn nötig – die harten Stängel entfernen. Minze waschen, trocken schütteln und die Blätter von den Stängeln zupfen. Rucola und Minze auf der Melone anrichten.
3. Mit Balsamessig beträufeln und nach Belieben mit Pfeffer aus der Mühle bestreuen. Die Walnüsse halbieren oder hacken und darüberstreuen.

INFO: Wassermelone ist ein wirksames Hausmittel bei der Behandlung von Lebererkrankungen. Sie soll reinigen und entgiften. Das kommt hauptsächlich vom enthaltenen Kalium. Die kalorienarme Frucht gehört zu den Kürbisgewächsen und ist genau genommen ein Gemüse (39 kcal pro100 g). Sie enthält zwar 6,2 g Fruchtzucker pro 100 g, gilt aber immer noch als erlaubte Zutat in der Low-Carb-Ernährung.

Lachssalat mit Honig-Senf-Soße

10,4g
BAL

FÜR 2 PORTIONEN

PRO PORTION: 448 KCAL | 15,7 G E | 36,5 G F | 9,4 G KH, DAVON 9,0 G ZUCKER

ZUTATEN

- 200 g Feldsalat oder Rucola
- 200 g Cocktailtomaten
- 1 reife Avocado (ca. 200 g)
- 1 kleine rote Zwiebel
- 100 g geräucherter Bio-Lachs
- 1 TL Honig
- 1 EL scharfer Senf
- 2 EL Zitronensaft
- 1 EL kalt gepresstes Olivenöl
- Salz
- Pfeffer

1. Feldsalat oder Rucola waschen, verlesen und gut abtropfen lassen. Cocktailtomaten waschen, trocken tupfen und halbieren oder vierteln. Avocado längs halbieren, den Kern entfernen, das Fruchtfleisch mit einem Löffel aus der Schale heben und in Scheiben schneiden.
2. Die Zwiebel abziehen und in feine Ringe schneiden. Den Lachs in Streifen schneiden.
3. Aus Honig, Senf, Zitronensaft, Olivenöl und Salz und Pfeffer in einer kleinen Schüssel mit dem Schneebesen ein cremiges Dressing rühren.
4. Die vorbereiteten Zutaten in die Schüssel geben und gut mit dem Dressing vermischen. Bei Bedarf noch mit Salz und Pfeffer würzen.

Gurken-Carpaccio mit Radieschen und Rucola

3,1g BAL

FÜR 2 PORTIONEN

PRO PORTION: 266 KCAL | 13,1 G E | 17,6 G F | 13,8 G KH, DAVON 6,7 G ZUCKER

ZUTATEN

400 g Salatgurke
150 g Radieschen (geputzt gewogen)
100 g Rucola
2 EL Apfelessig
1 EL Lein- oder Nussöl
Salz
Pfeffer
100 g Mini-Mozzarella
2 EL dunkler Balsamicoessig
bunter Pfeffer (optional)

1. Die Salatgurke schälen oder heiß waschen. In sehr dünne Scheiben schneiden oder hobeln. Die Radieschen waschen, putzen und ebenfalls in feine Scheiben schneiden.
2. Rucola waschen, verlesen und eventuell die harten Stiele entfernen.
3. Aus Apfelessig, Leinöl, Salz und Pfeffer in einer kleinen Schüssel mit dem Schneebesen ein Dressing rühren.
4. Gurkenscheiben auf 2 Tellern auslegen, Radieschen, Rucola und Mozzarella darauf verteilen und das Dressing darübergeben. Zum Schluss mit Balsamessig beträufeln und – nach Belieben – mit buntem Pfeffer bestreuen.

Low Carb am Abend

Abends die Kohlenhydrate zu reduzieren, ist nicht nur eine gute Idee, wenn Sie abnehmen wollen. Bekanntlich steigt nach einer Mahlzeit mit Kohlenhydraten der Blutzuckerspiegel an. Die Bauspeicheldrüse schüttet Insulin aus, damit der Zucker aus dem Blut in die Zellen gelangen kann. Zugleich hemmt Insulin den Fettabbau. Das funktioniert tagsüber, wenn wir aktiv sind, zumeist sehr gut. Nachts, wenn wir schlafen, muss der Organismus auf gespeicherte Reserven zurückgreifen – die vor allem aus Fett bestehen. Haben wir allerdings eine kohlenhydratreiche Mahlzeit zu uns genommen, wird die auch während des Schlafs benötigte Energie aus dem enthaltenen Zucker bezogen. Und das Fett bleibt, wo es ist.

Zum Wohl Ihrer Leber müssen Sie aber nicht einen superstrengen Kohlenhydrateverzicht, wie es zum Beispiel bei der ketogenen Ernährung der Fall wäre, aushalten. Nur: Das von vielen so geliebte AbendBROT sollte jetzt durch viel Gemüse ersetzt werden und Obst und Süßes lieber auf die Mittagsmahlzeit verschoben werden.

Sie werden hier auch Gerichte mit Buchweizen, Linsen und Quinoa finden, die hohe Kohlenhydratwerte aufweisen. Aber: Diese Zutaten liefern hochwertiges pflanzliches Eiweiß, sättigen hervorragend und haben eine nur geringe Blutzuckerwirkung. Daher gehören sie bei einer moderaten Low-Carb-Ernährung auf den Speiseplan.

Überbackene Auberginen mit Tomatenpüree

8,5g BAL

FÜR 2 PORTIONEN

PRO PORTION: 253 KCAL | 7,2 G E | 14,9 G F | 18,4 G KH, DAVON 15,6 G ZUCKER

ZUTATEN

- 600 g Auberginen
- 300 g Fleischtomaten
- 100 ml Wasser oder Gemüsebrühe (Fertigprodukt)
- 400 g gehackte Tomaten aus der Dose
- 1 Zweig Rosmarin
- 1–2 Knoblauchzehen
- Salz, Pfeffer
- 1–2 EL Balsamessig (optional)
- 2 Stängel glatte Petersilie
- 2 EL Lein- oder kalt gepresstes Olivenöl

1. Den Backofen auf 180 °C Ober-/Unterhitze (Umluft: 160 °C) vorheizen.
2. Auberginen waschen, putzen und in etwa 5 mm dicke Scheiben schneiden. Tomaten waschen, halbieren, die Stielansätze entfernen und Fruchtfleisch ebenfalls in Scheiben schneiden. Auberginen und Tomaten abwechselnd in eine feuerfeste Form (etwa 20 × 15 cm) schichten, mit Wasser oder Brühe begießen und zugedeckt (Backpapier oder Alufolie) 20 Minuten im Backofen garen.
3. In der Zwischenzeit die gehackten Tomaten in einen kleinen Topf geben. Rosmarin waschen, mit Küchenpapier trocken tupfen, die Nadeln vom Stängel zupfen und hacken. Knoblauch schälen und durch eine Knoblauchpresse zu den Tomaten drücken. Rosmarin zufügen. Die Soße aufkochen lassen und dann bei geringer Hitze etwa 5 Minuten einkochen lassen.
4. Tomatenpüree mit Salz, Pfeffer und nach Belieben Balsamessig abschmecken und nach den 20 Minuten Garzeit über das Gemüse gießen. Weitere 15–20 Minuten im Ofen backen, bis das Gemüse weich ist.
5. Die Petersilie waschen, mit Küchenpapier trocken tupfen, die Blätter von den Stängeln zupfen und hacken.
6. Den Auflauf mit Lein- oder Olivenöl beträufeln und mit der gehackten Petersilie bestreuen.

Auberginencurry mit Kokosmilch

11,0g BAL

FÜR 2 PORTIONEN

PRO PORTION: 471 KCAL | 7,0 G E | 38,8 G F | 18,5 G KH, DAVON 14,4 G ZUCKER

ZUTATEN

- 1 Zwiebel
- 500 g Auberginen
- 2 EL Rapsöl
- 1 EL mildes oder scharfes Currypulver
- 350 ml Wasser oder Gemüsebrühe (Fertigprodukt)
- 200 g Kokosmilch aus der Dose
- 1 Zitrone oder Limette
- 2 Stängel Basilikum (optional)
- Salz
- Pfeffer

1. Die Zwiebel abziehen und fein würfeln. Die Auberginen waschen, putzen und in etwa 1 cm dicke Scheiben schneiden.
2. Rapsöl in einem geräumigen Topf sanft erhitzen und die Zwiebel darin etwa 3 Minuten unter Rühren andünsten.
3. Die Auberginenscheiben dazugeben und unter mehrmaligem Wenden von allen Seiten etwas anbraten.
4. Mit dem Currypulver bestäuben und mit Wasser oder Gemüsebrühe aufgießen. Zugedeckt etwa 10 Minuten bei milder Hitze garen, bis die Auberginen sehr weich sind. Dann die Kokosmilch einrühren und heiß werden lassen.
5. In der Zwischenzeit die Zitrone heiß waschen, längs halbieren und eine Hälfte in Spalten schneiden. Die andere Hälfte auspressen. Basilikum, wenn verwendet, waschen, mit Küchenpapier trocken tupfen und die Blätter von den Stängeln zupfen.
6. Das Auberginencurry mit Salz, Pfeffer und Zitronensaft pikant abschmecken. Zitronenspalten und Basilikum getrennt dazu reichen.

TIPP: Zu einem indisch inspirierten Gericht passt am besten Reis. Eine kleine Portion davon können Sie sich gönnen. Für 2 Portionen 70 g Reis mit 150 ml Wasser in einem Topf aufkochen lassen und zugedeckt bei geringer Hitze garen. Wenn sich an der Oberfläche kleine Löcher bilden, den Topf vom Herd nehmen, den Reis mit einer Gabel auflockern und offen ausdampfen lassen. Pro Portion sind das 131 kcal und 26,3 g KH mehr.

Rosenkohl mit Äpfeln und Lauch

11,3g BAL

FÜR 2 PORTIONEN

PRO PORTION: 210 KCAL | 11,3 G E | 8,0 G F | 17,3 G KH, DAVON 15,0 G ZUCKER

ZUTATEN

400 g Rosenkohl
500 ml Wasser
1 Stange Lauch (ca. 200 g geputzt gewogen)
1 Apfel
1–2 EL Zitronensaft
1 EL Raps- oder Leinöl
Salz
Pfeffer

1. Den Rosenkohl putzen, waschen und halbieren oder vierteln. Wasser in einen Topf mit Dampfgareinsatz füllen und den Rosenkohl in den Einsatz geben. In 15–20 Minuten bissfest dämpfen.
2. In der Zwischenzeit den Lauch putzen, am oberen Ende längs aufschlitzen, auffächern und gründlich waschen. Den Lauch in etwa 5 mm breite Streifen schneiden. Den Apfel schälen, vierteln, das Kerngehäuse entfernen, das Fruchtfleisch würfeln und mit Zitronensaft beträufeln.
3. Öl in einer beschichteten, geräumigen Pfanne erhitzen und den Lauch darin unter Rühren 6–7 Minuten anbraten. Die Apfelwürfel unterrühren und weitere 3 Minuten braten.
4. Den Rosenkohl unterheben und das Gericht mit Salz und Pfeffer abschmecken.

INFO: Wie in anderen Kohlgemüsen sind auch im Rosenkohl viele leberwirksame Stoffe enthalten. Ganz wichtig dabei ist Indol, das Entzündungen und Fettablagerungen in der Leber reduzieren kann. Wenig Indol im Blut, mehr Fett in der Leber – das konnte zumindest in Tierversuchen nachgewiesen werden. Rosenkohl mit seinen nur 40 kcal pro 100 g hilft auch gut bei der Gewichtsreduktion, die so oft die Hauptursache bei Fettleber ist. Die enthaltenen Bitterstoffe beugen Heißhunger und der Lust auf Süßes vor – ideal also für eine Abendmahlzeit.

Blumenkohlcurry mit Kürbis und Spinat

9,4g BAL

FÜR 2 PORTIONEN

PRO PORTION: 445 KCAL | 8,4 G E | 32,1 G F | 25,8 G KH, DAVON 14,7 G ZUCKER

ZUTATEN

300 g Blumenkohl (ca. ½ Kopf, geputzt gewogen)
200 g Hokkaidokürbis (geputzt gewogen)
100 g frischer Spinat
1 Stück Ingwer (walnussgroß)
1 kleine Zwiebel
1 EL Rapsöl
1 TL Currypulver (nach Geschmack auch mehr)
1 TL gemahlene Kurkuma
100 ml Wasser oder Gemüsebrühe (Fertigprodukt)
200 g Kokosmilch aus der Dose
Salz, Pfeffer

1. Blumenkohl putzen, waschen und in mundgerechte Röschen teilen. Den Strunk klein würfeln. Die Schale des Kürbisses mit einem feuchten Tuch reinigen, die Kerne entfernen und das Fruchtfleisch würfeln. Spinat waschen, verlesen und in einem Sieb abtropfen lassen.
2. Ingwer und Zwiebel schälen und in sehr kleine Würfel schneiden. Rapsöl in einem beschichteten Topf erhitzen, Ingwer und Zwiebel hineingeben und kurz andünsten. Blumenkohl und Kürbis dazugeben und unter Rühren etwas anbraten.
3. Mit Currypulver und Kurkuma bestäuben und mit Wasser oder Brühe ablöschen. Die Kokosmilch dazugießen und alles 10 Minuten bei geringer Hitze köcheln lassen, bis das Gemüse bissfest ist.
4. Den Spinat einrühren und zugedeckt 3–4 Minuten köcheln lassen, bis er zusammengefallen ist. Das Curry mit Salz und Pfeffer abschmecken und auf 2 tiefe Teller verteilen.

TIPP: Machen Sie doch gleich 4 Portionen von diesem Curry. Aufgewärmt schmeckt das Gemüse noch intensiver. Sie können das Gericht auch portionsweise einfrieren. Wer mag, kann noch Cashewkerne darüberstreuen, die zuvor in einer beschichteten Pfanne ohne Fett goldgelb geröstet wurden. Sie enthalten fast 20 Prozent Eiweiß, darunter L-Tryptophan, aus dem das Glückshormon Serotonin gemacht wird. Streuen Sie also ruhig öfter mal die Gute-Laune-Nüsse über Ihre Gemüsemahlzeit oder über Salate.

Buchweizen mit Roter Bete

6,3g
BAL

FÜR 2 PORTIONEN

PRO PORTION: 470 KCAL | 9,7 G E | 17,3 G F | 65,7 G KH, DAVON 10,5 G ZUCKER

ZUTATEN

2 Lauchzwiebeln
2 Knoblauchzehen
200 g frische Rote Bete
1 EL kalt gepresstes Olivenöl
600 ml Gemüsebrühe (Fertigprodukt)
1 gestrichener TL Kümmel
150 g Buchweizen
2 Stängel glatte Petersilie
Salz
Pfeffer
1–2 EL Zitronensaft
20 g Butter

1. Die Lauchzwiebeln putzen, waschen und mit viel Grün in schmale Ringe schneiden. Knoblauch schälen und in feine Scheiben schneiden. Die Roten Beten schälen (am besten Hände mit Einmalhandschuhen schützen, die rote Farbe haftet hartnäckig) und in 5 mm große Würfel schneiden.
2. Olivenöl in einem mittelgroßen Topf sanft erhitzen und Lauchzwiebeln und Knoblauch darin andünsten. Rote Bete, Gemüsebrühe und Kümmel dazugeben. Die Rote Bete zugedeckt in etwa 15 Minuten bei mittlerer Hitze nicht ganz weich kochen.
3. Buchweizen in ein Sieb geben und heiß abbrausen. Zur Roten Bete geben und alles bei geringer Hitze 15–20 Minuten köcheln lassen, bis die Beten und der Buchweizen weich sind.
4. In der Zwischenzeit die Petersilie waschen, trocken schütteln, die Blätter von den Stängeln zupfen und hacken.
5. Buchweizen mit Salz, Pfeffer und Zitronensaft abschmecken, die Butter einrühren und schmelzen lassen. Vor dem Servieren mit Petersilie bestreuen.

TIPP: 40 g geriebener Parmesan obenauf oder je Teller 2 EL saure Sahne schmecken gut dazu. Statt der Petersilie können Sie auch mal ein Kästchen Kresse verwenden. Wenn Sie statt der frischen Roten Bete die eingeschweißten und vorgekochten Knollen verwenden, kommen diese, nachdem der Buchweizen in Punkt 3 weich gekocht ist, dazu und werden nur noch erhitzt.

Kohlrabigratin

4,8g
BAL

FÜR 2 PORTIONEN
PRO PORTION: 497 KCAL | 33,9 G E | 28,3 G F | 25,3 G KH, DAVON 14,9 G ZUCKER

ZUTATEN

500 g Kohlrabi
Salz
500 ml Wasser
80 g Parmesan
30 g Cashewkerne
20 g Haferflocken
2 Eier, Größe M
je ½ TL gemahlene Kurkuma und Kreuzkümmel
200 ml Milch
Pfeffer
Fett für die Form

1. Den Backofen auf 200 °C Ober-/Unterhitze (Umluft: 180 °C) vorheizen.
2. Den Kohlrabi putzen, schälen, längs halbieren, die Hälften in ca. 2 mm dicke Scheiben schneiden und in einen Dampfgareinsatz legen. Salzwasser in einem Topf zum Kochen bringen, den Dampfgareinsatz hineingeben und den Kohlrabi in 8–9 Minuten bissfest dämpfen. Im Dampfgareinsatz gut abtropfen lassen.
3. Parmesan fein reiben. Cashewkerne und Haferflocken hacken oder im Universalzerkleinerer zerbröseln.
4. 20 g Parmesan, Cashewkerne, Haferflocken, Eier, Kurkuma, Kreuzkümmel, Milch, Salz und Pfeffer in einer Schüssel mit dem Schneebesen verquirlen.
5. Kohlrabi in einer gefetteten Auflaufform (circa 24 cm Durchmesser) verteilen, mit der Eiermischung begießen und mit dem restlichen Parmesan bestreuen.
6. Den Auflauf im Backofen 15–20 Minuten goldgelb backen und anschließend bei abgeschaltetem Ofen 5 Minuten ruhen lassen. Gleich in der Form servieren.

TIPP: Wenn Sie das Gratin gerne mal würziger essen wollen: 50 g Schinkenwürfel in 1 EL Rapsöl knusprig braten und mit den Kohlrabischeiben in die Form geben.

Quinoa mit Paprika und Süßkartoffeln

11,6g
BAL

FÜR 2 PORTIONEN

PRO PORTION: 462 KCAL | 11,1 G E | 11,7 G F | 72,3 G KH, DAVON 12,7 G ZUCKER

ZUTATEN

- 1 rote Paprikaschote
- 200 g Süßkartoffeln
- 100 g Möhren
- 1 EL Rapsöl
- 125 g rohe Quinoa, Farbe beliebig
- 200 ml Wasser oder Gemüsebrühe (Fertigprodukt)
- 1 gestrichener TL Ras el-Hanout
- 2 Stängel glatte Petersilie
- Salz
- wenig Pfeffer
- etwas Zitronensaft (optional)

1. Die Paprikaschote waschen, putzen und würfeln. Süßkartoffeln und Möhren putzen, schälen und in etwa 1 cm große Würfel schneiden.
2. Rapsöl in einem beschichteten Topf erhitzen und das Gemüse darin unter Rühren bei milder Hitze etwas anbraten.
3. Quinoa, Wasser und Ras el-Hanout dazugeben, aufkochen lassen und anschließend Quinoa bei sehr milder Hitze etwa 20 Minuten zugedeckt quellen lassen. Ab und zu umrühren, damit nichts ansetzt.
4. Petersilie waschen, trocken schütteln, die Blätter von den Stängeln zupfen und hacken.
5. Das Gericht mit Salz und Pfeffer und nach Belieben etwas Zitronensaft abschmecken und mit Petersilie bestreuen.

INFO: Ras el-Hanout ist eine orientalische Gewürzmischung, die (fast) überall passt und aromatische Abwechslung in Ihre Gerichte bringt. Sie finden sie in allen Gewürzregalen und auch auf Märkten.
Der Kohlenhydratbringer in diesem Rezept ist die Quinoa. Das Pseudogetreide bringt aber auch jede Menge Ballaststoffe, sodass der Blutzuckerspiegel nur wenig beeinflusst wird.

Grüne Linsen mit Gemüse

14,4g
BAL

FÜR 2 PORTIONEN

PRO PORTION: 458 KCAL | 23,5 G E | 9,4 G F | 62,9 G KH, DAVON 17,0 G ZUCKER

ZUTATEN

150 g grüne Linsen
2 Knoblauchzehen
1 rote Paprikaschote
1 kleine Stange Lauch
1 EL Rapsöl
300 ml Wasser oder Gemüsebrühe (Fertigprodukt)
2 Stängel Petersilie
1 Apfel
Salz
Pfeffer

1. Die Linsen in ein Sieb geben und kalt abbrausen. Die Knoblauchzehen in ihrer Schale mit der stumpfen Seite auf die Arbeitsplatte drücken, sodass sie aufplatzen.
2. Paprika waschen, putzen und klein würfeln. Lauch längs aufschlitzen, am oberen Ende auffächern und gründlich waschen. Lauch mit viel Grün in schmale Streifen schneiden.
3. Rapsöl in einer mittelgroßen beschichteten Pfanne erhitzen und Knoblauch und Lauch darin unter Rühren etwa 3 Minuten anbraten. Paprikawürfel zufügen und weitere 3 Minuten unter Rühren garen.
4. Linsen und Wasser oder Gemüsebrühe zufügen und alles 15–20 Minuten bei geringer Hitze köcheln lassen, bis die Linsen weich sind. Bei Bedarf etwas Wasser oder Brühe nachgießen und die Kochzeit verlängern.
5. In der Zwischenzeit die Petersilie waschen, trocken schütteln und die Blätter von den Stängeln zupfen. Den Apfel heiß waschen (die Schale soll mitverwendet werden), vierteln, Kerngehäuse entfernen und das Fruchtfleisch klein schneiden. Etwa 5 Minuten vor Ende der Linsengarzeit die Apfelstücke unterrühren und weich werden lassen.
6. Linsengemüse mit Salz und Pfeffer abschmecken, auf 2 Teller verteilen und mit Petersilie bestreuen.

Kürbisragout mit Linsen

8,7g
BAL

FÜR 2 PORTIONEN

PRO PORTION: 275 KCAL | 12,2 G E | 2,0 G F | 47,6 G KH, DAVON 18,6 G ZUCKER

ZUTATEN

- 50 g Berglinsen oder Pardina-Linsen
- 150 ml Gemüsebrühe (Fertigprodukt)
- 350 g Hokkaidokürbis
- 200 g Möhren
- 500 ml Wasser
- 1 Fleischtomate
- 1 kleine weiße Zwiebel
- 2 Stängel glatte Petersilie
- 1 EL Rapsöl
- je 1 TL gemahlene Kurkuma und Kreuzkümmel
- Salz, Pfeffer
- 1–2 EL weißer Essig

1. Die Linsen in ein Sieb geben, kalt abbrausen und mit der Gemüsebrühe in einen Topf geben, zum Kochen bringen und dann zugedeckt bei geringer Hitze 20 Minuten köcheln lassen. Anschließend zugedeckt beiseitestellen.
2. In der Zwischenzeit den Kürbis mit einem feuchten Tuch abreiben (die Schale kann mitverwendet werden), entkernen und in etwa 1 ½ cm große Würfel schneiden. Die Möhren schälen, putzen und in Scheiben schneiden.
3. Wasser in einen Topf geben, Dampfgareinsatz einsetzen, die Möhren hineinlegen und obenauf den Kürbis geben. Wasser zum Kochen bringen und das Gemüse in 8–9 Minuten weich dämpfen.
4. Die Tomate waschen, vierteln, Stielansätze und Kerne entfernen und das Fruchtfleisch in Würfel schneiden. Die Zwiebel abziehen und in Ringe schneiden. Petersilie waschen, mit Küchenpapier trocken tupfen und die Blätter von den Stängeln zupfen.
5. Rapsöl in einer geräumigen Pfanne erhitzen und Zwiebelringe darin unter Rühren glasig dünsten. Das gedämpfte Gemüse und die Tomatenwürfel unterrühren und kurz anbraten. Mit Kurkuma und Kreuzkümmel bestäuben und die Linsen unterheben.
6. Das Ragout mit Salz, Pfeffer und Essig abschmecken und mit Petersilie bestreuen.

TIPP: Machen Sie von diesem Gericht gleich 4 Portionen. Es gibt nicht immer so kleine Kürbisse wie benötigt und das Gericht schmeckt auch aufgewärmt gut.

Gebackener Kohl mit Kräutern

11,5g BAL

FÜR 2 PORTIONEN

PRO PORTION: 468 KCAL | 13,8 G E | 29,4 G F | 31,2 G KH, DAVON 19,1 G ZUCKER

ZUTATEN

- 700 g Weißkohl oder Wirsing (etwa ½ kleiner Kopf)
- 2 EL Olivenöl
- Salz
- 20 g weiche Butter
- 20 g Vollkorn-Semmelbrösel
- 30 g frische Kräuter, z. B. Petersilie, Dill oder Kresse
- 300 g Naturjoghurt

1. Den Backofen auf 200 °C Ober-/Unterhitze (für Umluft weniger geeignet) vorheizen.
2. Den Kohl putzen und in etwa 2 cm dicke Scheiben schneiden. Die Scheiben unter fließendem Wasser waschen – es ist wichtig, dass auch zwischen die Blätter Wasser eindringt, damit es im Ofen verdampfen kann und dadurch der Kohl gegart wird.
3. Die Kohlscheiben auf ein mit Backpapier ausgelegtes Backblech setzen. Olivenöl in einer Schüssel mit ½ TL Salz verrühren und die Schnittstellen des Kohls damit bestreichen. Den Kohl 25 Minuten im Backofen garen.
4. In der Zwischenzeit in einer Schüssel die Butter mit den Semmelbröseln verkneten. Die Kräuter waschen, mit Küchenpapier trocken tupfen und hacken.
5. Joghurt in eine Schüssel geben, salzen und mit der Hälfte der Kräuter verrühren.
6. Die Bröselbutter auf den Kohlspalten verteilen und das Ganze in weiteren 10 Minuten im Ofen knusprig backen.
7. Den Kohl auf 2 Teller verteilen, mit den restlichen Kräutern bestreuen und den Kräuterjoghurt getrennt dazu reichen.

INFO: Von den 44 Kohlsorten, die es gibt, können Sie gar nicht genug essen. Im Durchschnitt enthalten sie 3 g Ballaststoffe pro 100 g. Dazu Vitamine und Mineralstoffe, die je nach Sorte verschieden ausfallen. Deshalb: Kohl auf den Teller und dabei nach Möglichkeit jedes Mal eine andere Sorte!

Rote-Linsen-Eintopf mit Möhren

13,3g BAL

FÜR 2 PORTIONEN

PRO PORTION: 381 KCAL | 19,8 G E | 8,4 G F | 50,1 G KH, DAVON 13,0 G ZUCKER

ZUTATEN

1 kleine Zwiebel
1 Knoblauchzehe
1 kleine rote Peperonischote (optional)
300 g Möhren
100 g Fleischtomaten
1 EL Rapsöl
300 ml Gemüsebrühe (Fertigprodukt)
125 g rote Linsen
1 TL gemahlene Kurkuma
4 Zweige Thymian
Salz
wenig Pfeffer
1–2 EL Zitronensaft

1. Zwiebel und Knoblauch abziehen und fein würfeln. Wenn verwendet, auch die Peperonischote waschen, putzen, längs aufschlitzen, Kerne und Trennhäute entfernen und das Fruchtfleisch klein würfeln.
2. Die Möhren putzen, schälen und in etwa 1 cm große Würfel schneiden. Tomaten waschen, längs halbieren und die Stielansätze entfernen. Fruchtfleisch klein würfeln.
3. Rapsöl in einem mittelgroßen Topf erhitzen und Zwiebel, Knoblauch und gegebenenfalls Peperoni darin unter Rühren goldgelb anbraten. Möhren, Tomaten und Brühe zufügen, aufkochen lassen und bei milder Hitze 5 Minuten köcheln lassen.
4. Die Linsen mit Kurkuma untermischen und 10–12 Minuten köcheln lassen, bis sie weich sind. Bei Bedarf etwas Flüssigkeit nachgießen und die Kochzeit verlängern.
5. In der Zwischenzeit den Thymian waschen, mit Küchenpapier trocken tupfen und die Blättchen entgegen der Wuchsrichtung abstreifen.
6. Den Eintopf mit Salz, Pfeffer und Zitronensaft abschmecken und mit den Thymianblättchen bestreuen.

TIPP: Das Gericht eignet sich gut zur Zubereitung auf Vorrat, denn Sie können es problemlos einfrieren. Übrig gebliebene Portionen können Sie außerdem mit etwas Apfelessig als Linsensalat essen.

Auberginen aus dem Ofen mit Granatapfelkernen

10,9g BAL

FÜR 2 PORTIONEN

PRO PORTION: 435 KCAL | 18,5 G E | 27,5 G F | 23,5 G KH, DAVON 20,6 G ZUCKER

ZUTATEN

- 600 g eher kleine Auberginen
- 1 Zitrone
- ½ TL gemahlene Kurkuma
- Salz
- Pfeffer
- 1 EL kalt gepresstes Olivenöl
- 3 Stängel glatte Petersilie
- 250 g Quark (20 % Fett)
- 2 EL Leinöl
- 100 g Granatapfelkerne (ca. 1 Granatapfel, oder aus dem Kühlregal)

1. Den Backofen auf 180 °C Ober-/Unterhitze (Umluft: 160 °C) vorheizen.
2. Die Auberginen waschen, putzen und längs halbieren. Mit der Schnittfläche nach oben auf ein mit Backpapier ausgelegtes Backblech oder in eine feuerfeste Form legen.
3. Eine Hälfte der Zitrone auspressen. Saft in einer Schüssel mit Kurkuma, Salz, Pfeffer und Olivenöl verrühren und die Schnittflächen der Auberginen damit bestreichen. Das Blech in den Ofen schieben und die Auberginen 30–35 Minuten backen, bis das Fruchtfleisch weich ist.
4. In der Zwischenzeit die Petersilie waschen, trocken schütteln, die Blätter von den Stängeln zupfen und hacken. Quark in einer Schüssel mit ⅓ der Petersilie, Salz, Pfeffer und Leinöl verrühren. Mit dem Saft der restlichen Zitronenhälfte abschmecken.
5. Die Auberginen auf 2 Tellern anrichten (oder in der feuerfesten Form lassen) und mit Petersilie und Granatapfelkernen bestreut servieren. Den Quark getrennt dazu reichen.

TIPP: Genauso wie die Auberginen können Sie auch Zucchini nach diesem Rezept zubereiten.

Fisch, Geflügel und Fleisch

Fisch – und dabei besonders die fettreichen Sorten – liefert Omega-3-Fettsäuren für Ihre leidende Leber. Lachs ist unter den schwimmenden Proteinhappen dabei die preiswerteste Quelle. Thunfisch, Makrele, Sardinen sind ebenfalls fettreich. Leider ist der Fischverzehr immer problematischer – achten Sie bitte auf Qualitätssiegel bezüglich des Fangs und der Herkunft.

Die meisten Fleischgerichte in diesem Kapitel sind mit Hähnchen- oder Putenfleisch zubereitet, denn Geflügel ist ein prima Eiweißlieferant. Dazu enthält es auch B-Vitamine, Kalium, Phosphor und Zink – alles wichtig für einen funktionierenden Stoffwechsel und für die Leber.

Auch rotes Fleisch, das in letzter Zeit etwas in Verruf geraten ist, ist eine hervorragende Eiweißquelle und glänzt dazu noch mit den Mineralien Eisen und – wiederum – Zink. Für alle Fleisch- und Geflügelsorten gilt: nur aus artgerechter Haltung!

Gedünsteter Lachs mit Salat und Pesto

2,1g BAL

FÜR 2 PORTIONEN

PRO PORTION: 673 KCAL | 46,2 G E | 49,4 G F | 10,2 G KH, DAVON 2,7 G ZUCKER

ZUTATEN

- 2 Lachsfilets (à ca. 150 g)
- Pfeffer
- 500 ml Wasser
- 150 g gemischte Salatblätter, z. B. Rucola, Babyspinat, Kopfsalat
- 10 Blätter frisches Basilikum
- 40 g Cashew- oder Walnusskerne
- 40 g Parmesan
- 2 EL kalt gepresstes Olivenöl
- 1–2 EL Zitronensaft
- Salz
- ggf. Cayennepfeffer
- 2 EL Apfelessig

1. Die Lachsfilets mit Küchenpapier trocken tupfen, pfeffern und in einen Dampfgareinsatz legen. Wasser in einen passenden Topf füllen und zum Kochen bringen. Den Dampfgareinsatz in den Topf stellen und den Fisch bei geringer Hitze 10 Minuten zugedeckt dämpfen.
2. In der Zwischenzeit Salat und Basilikumblätter waschen, verlesen und gut abtropfen lassen.
3. Die Cashewkerne hacken und in einer beschichteten Pfanne ohne Fett goldgelb rösten. Den Parmesan in Stücke brechen.
4. Die Hälfte des Salats, Basilikum, Cashewkerne, Parmesan und 1 EL Olivenöl in einem Universalzerkleinerer oder mit dem Pürierstab zu einem Pesto verarbeiten. Mit Zitronensaft, Salz und nach Belieben mit Cayennepfeffer abschmecken.
5. Aus dem restlichen Öl, Apfelessig, Salz und Pfeffer in einer Schüssel ein Dressing anrühren und den restlichen Salat darin wenden.
6. Den Lachs auf 2 Tellern anrichten, mit dem Pesto bestreichen und den Salat daneben anrichten.

TIPP: Pesto und Salat zum Lachs wären eine gute Gelegenheit, auch ein paar Löwenzahnblätter mitzuverwenden. Vielleicht haben Sie welche im Garten, die Ihnen früher als Unkraut immer ein Ärgernis waren, jetzt aber als leberfreundliche Arzneipflanze geschätzt werden sollten.

Zucchinistreifen mit Garnelen

3,2g BAL

FÜR 2 PORTIONEN

PRO PORTION: 333 KCAL | 34,8 G E | 17,2 G F | 8,8 G KH, DAVON 5,5 G ZUCKER

ZUTATEN

- 500 g Zucchini
- ½ Zitrone
- 300 g frische, geschälte Garnelen
- 500 ml Wasser
- Salz
- 2 EL Olivenöl
- grobes Meersalz
- Pfeffer

INFO: Krusten- und Schalentiere sind Proteinquellen – und reich an Cholesterin, das auch von der Leber selbst hergestellt wird. Wenn es mit der Nahrung zugeführt wird, wird die eigene Produktion heruntergefahren.

1. Die Zucchini waschen und putzen. Mit einem Spiralschneider oder Julienneschneider (gibt es beides preiswert in Kaufhäusern und Küchengeschäften) in dünne Streifen schneiden. Alternativ Zucchini einfach in dünne Scheiben schneiden.
2. Die Zitrone heiß waschen, etwa 1 TL Schale abraspeln und die halbe Frucht auspressen.
3. Die Garnelen in ein Sieb geben, mit kaltem Wasser abbrausen und mit Küchenpapier trocken tupfen.
4. Wasser mit 1 Prise Salz in einem Topf zum Kochen bringen, Zucchinistreifen oder -scheiben in einen Dampfgareinsatz geben und diesen in den Topf einsetzen. Zucchini in etwa 1 Minute zugedeckt bissfest dämpfen, dann Topf vom Herd nehmen.
5. Olivenöl in einer Pfanne erhitzen und die Garnelen darin von beiden Seiten rosa braten. Mit Zitronensaft ablöschen und mit Meersalz und Pfeffer würzen.
6. Die Zucchinistreifen unterheben, auf 2 Teller verteilen und mit Zitronenabrieb bestreuen.

TIPP: Frische, geschälte oder ungeschälte Garnelen (zum Beispiel Black Tiger) bekommen Sie in Fischgeschäften oder den Fischtheken großer Supermärkte. Ersatzweise können Sie geschälte und gekochte Garnelen aus dem Kühlregal nehmen – die sollten aber nur ganz kurz ins heiße Öl, damit sie warm werden. Längeres Braten lässt sie austrocknen.

Seelachs mit Lauchgemüse

5,9g
BAL

FÜR 2 PORTIONEN

PRO PORTION: 490 KCAL | 35,8 G E | 32,4 G F | 10,9 G KH, DAVON 7,9 G ZUCKER

ZUTATEN

35 g geschälte, ungesalzene Pistazien
2 Stangen Lauch (ca. 400 g geputzt gewogen)
500 ml Wasser
Salz
400 g Seelachsfilet
Pfeffer
2 EL Olivenöl
4 frische Salbeiblätter
½ EL Mehl

1. Die Pistazien hacken und beiseitestellen.
2. Den Lauch putzen, am oberen Ende längs aufschlitzen, auffächern und gründlich waschen. Dann in etwa 5 mm dicke Streifen schneiden und in einen Dampfgareinsatz legen. Wasser mit 1 Prise Salz in einen Topf füllen und zum Kochen bringen. Den Dampfgareinsatz hineinstellen und den Lauch in 15 Minuten weich dämpfen.
3. Währenddessen die Fischfilets waschen, mit Küchenpapier trocken tupfen und eventuell portionieren. Von beiden Seiten mit Salz und Pfeffer würzen.
4. Olivenöl in einer geräumigen Pfanne (die Fischfilets sollen nebeneinander Platz haben) bei mittlerer Hitze erwärmen. Die Salbeiblätter waschen, mit Küchenpapier trocken tupfen und in die Pfanne geben. Die Fischfilets auf einer Seite dünn mit Mehl bestäuben und mit der mehligen Seite nach unten in die Pfanne auf den Salbei setzen. Nach 2 Minuten behutsam mit 2 Pfannenwendern umdrehen und bei ausgeschalteter Herdplatte 2 Minuten ziehen lassen.
5. Den Fisch mit den Salbeiblättern auf 2 Tellern anrichten. Den Lauch kurz im Bratfett schwenken, neben den Fisch setzen und mit den Pistazien bestreuen.

TIPP: Seelachs ist ein sehr fettarmer Fisch und enthält daher auch nicht so viele Omega-3-Fettsäuren wie die fetten Fischsorten. Sie können das Rezept auch gut mit Lachs oder Thunfisch zubereiten. Weitere Magervarianten sind Kabeljau, Seehecht oder Zander.

Hähnchenbrust mit Spinat und Champignons

6,9g BAL

FÜR 2 PORTIONEN

PRO PORTION: 455 KCAL | 51,9 G E | 21,8 G F | 9,4 G KH, DAVON 5,1 G ZUCKER

ZUTATEN

- 200 g frischer Blattspinat
- 1 kleine Zwiebel
- 1 Knoblauchzehe
- 2 EL kalt gepresstes Olivenöl
- etwas frisch geriebene Muskatnuss
- ½ TL gemahlener Zimt
- Salz
- Pfeffer
- 2 Hähnchenbrustfilets (à ca. 200 g)
- 200 g weiße oder braune Champignons
- 2 Stängel glatte Petersilie
- 1–2 EL Zitronensaft

1. Den Spinat waschen, verlesen und in einem Sieb abtropfen lassen. Zwiebel und Knoblauch schälen und klein würfeln.
2. 1 EL Olivenöl in einem beschichteten Topf erhitzen und Zwiebel und Knoblauch darin goldgelb anbraten. Den Spinat tropfnass dazugeben, mit Muskatnuss, Zimt, Salz und Pfeffer würzen und zugedeckt bei geringer Hitze dünsten, bis er zusammengefallen ist. Etwas abkühlen lassen und dann durch ein Sieb abgießen und ausdrücken.
3. Den Backofen auf 200 °C Ober-/Unterhitze (Umluft: 180 °C) vorheizen.
4. In jedes Hähnchenbrustfilet mit einem scharfen Messer eine Tasche schneiden. Das Fleisch innen und außen salzen, die Taschen mit dem Spinat füllen und mit Zahnstochern verschließen. Die Hähnchenfilets in eine ofenfeste Form legen und in 40–45 Minuten im Backofen goldgelb braten. Dabei das Fleisch öfters mit dem austretenden Saft begießen.
5. 15 Minuten vor Ende der Bratzeit die Champignons mit Küchenpapier säubern und in Scheiben schneiden. Petersilie waschen, trocken tupfen und die Blätter von den Stängeln zupfen. Das restliche Olivenöl in einer beschichteten Pfanne erhitzen und Petersilie und Champignons darin unter Rühren braten. Mit Zitronensaft ablöschen und mit Salz und Pfeffer abschmecken.
6. Jeweils 1 Hähnchenbrustfilet auf 1 Teller anrichten und die Champignons danebensetzen.

Geflügelcurry mit Äpfeln

4,4g
BAL

FÜR 2 PORTIONEN

PRO PORTION: 575 KCAL | 45,5 G E | 35,2 G F | 17,1 G KH, DAVON 11,7 G ZUCKER

ZUTATEN

1 kleine Zwiebel
1 Apfel
1 Stück Ingwer (etwa walnussgroß)
400 g Puten- oder Hähnchenfleisch
Salz
Pfeffer
1 EL Rapsöl
1 EL Madras-Currypulver
1 gestrichener TL gemahlene Kurkuma
½ TL gemahlener Kardamom
200 g Kokosmilch aus der Dose
100 ml Wasser oder Gemüsebrühe (Fertigprodukt)
2 Stängel glatte Petersilie oder Koriander

1. Die Zwiebel abziehen und fein würfeln. Den Apfel vierteln, schälen, Kerngehäuse entfernen und das Fruchtfleisch würfeln. Den Ingwer schälen und klein würfeln oder reiben. Das Geflügelfleisch in mundgerechte Stücke schneiden und salzen und pfeffern.
2. Rapsöl in einer beschichteten Pfanne erhitzen und das Fleisch darin rundherum goldgelb anbraten. Herausnehmen und beiseitestellen.
3. Zwiebel, Apfelwürfel und Ingwer in die Pfanne geben und unter Rühren 1–2 Minuten dünsten. Currypulver, Kurkuma und Kardamom unterrühren und Kokosmilch und Wasser angießen.
4. Das Curry bei geringer Hitze zugedeckt 15 Minuten köcheln lassen und anschließend mit Salz und Pfeffer abschmecken. Das Geflügel dazugeben und 10 Minuten bei geringer Hitze durchziehen lassen.
5. In der Zwischenzeit die Petersilie waschen, mit Küchenpapier trocken tupfen und die Blätter von den Stängeln zupfen. Das Geflügelcurry auf tiefe Teller verteilen und mit Petersilie bestreut servieren.

TIPP: Sie können dieses Rezept auch gleich für 4 Portionen zubereiten, denn es schmeckt aufgewärmt fast noch besser und lässt sich außerdem gut einfrieren.
Wenn Sie noch mehr für Ihren Stoffwechsel tun wollen, bestreuen Sie das Gericht mit gehackten und gerösteten Cashewkernen, das hilft der Leber und bringt gute Laune.

Hähncheneintopf mit Avocado

17,3g
BAL

FÜR 2 PORTIONEN

PRO PORTION: 369 KCAL | 26,9 G E | 20,6 G F | 10,5 G KH, DAVON 7,5 G ZUCKER

ZUTATEN

- 200 g Hähnchenbrustfilet
- 250 g Staudensellerie
- 300 ml Gemüse- oder Hühnerbrühe (Fertigprodukt)
- 130 g Mais aus der Dose
- ½ Zitrone oder Limette
- 1 kleine reife Avocado (ca. 150 g)
- 2 Stängel frischer Koriander oder glatte Petersilie
- Salz
- Pfeffer

1. Das Hähnchenbrustfilet in Scheiben schneiden oder würfeln. Staudensellerie waschen, putzen und quer in Streifen schneiden.
2. Die Brühe in einem Topf erhitzen und Huhn und Sellerie hineingeben. Zum Kochen bringen und Fleisch und Gemüse in 20 Minuten bei milder Hitze gar ziehen lassen. Zum Ende der Garzeit den Mais unterrühren und in der Suppe warm werden lassen.
3. In der Zwischenzeit die Zitrone auspressen. Die Avocado längs halbieren, den Kern entfernen, das Fruchtfleisch mit einem Löffel aus der Schale heben und in Streifen oder Würfel schneiden. In tiefen Tellern anrichten und mit 1 EL Zitronensaft beträufeln. Koriander oder Petersilie waschen, trocken schütteln, die Blätter von den Stielen zupfen und grob hacken.
4. Den Eintopf mit Salz, Pfeffer und dem restlichen Zitronensaft abschmecken, auf die Teller verteilen und mit Koriander oder Petersilie bestreuen.

INFO: Avocados enthalten Glutathion, welches eine gesunde Leber auch selbst herstellt. Sie braucht dieses Produkt aus Aminosäuren, um freie Radikale und Giftstoffe abzuwehren und neue Leberzellen zu bilden. Ungesättigte Fettsäuren, Vitamin E und K sowie Folsäure tragen mit dazu bei, dass die leckeren Beerenfrüchte eine Fettleber verbessern können.
Leider ist die Umweltbilanz der Avocados durch die weiten Transportwege, den hohen Wasserbrauch (gerade in den wasserarmen Ländern) und die Abholzung von Wäldern sehr schlecht. Genießen Sie daher Avocados nur selten, dafür aber mit umso größerem Genuss.

Kalbsleber mit Zwiebeln

3,1g BAL

FÜR 2 PORTIONEN

PRO PORTION: 421 KCAL | 31,6 G E | 20,8 G F | 25,1 G KH, DAVON 15,4 G ZUCKER

ZUTATEN

300 g Kalbsleber
1 große weiße Zwiebel
2 Äpfel
2 EL Rapsöl
1–2 TL getrockneter Majoran
100 ml Gemüsebrühe (Fertigprodukt) oder Wasser
Salz
Pfeffer

1. Die Leber mit Küchenpapier trocken tupfen und in Streifen oder Würfel schneiden. Noch nicht würzen!
2. Die Zwiebel abziehen und in feine Scheiben schneiden. Die Äpfel heiß waschen, vierteln und die Kerngehäuse entfernen. Äpfel mit der Schale in Spalten schneiden.
3. Das Rapsöl in einer beschichteten Pfanne mild erhitzen und die Zwiebel darin in 5 Minuten unter mehrmaligem Rühren glasig dünsten.
4. Die Leber zugeben, mit Majoran würzen und in 3–4 Minuten rundum sanft anbraten. Dann die Hitze erhöhen, die Apfelspalten unterrühren und goldgelb braten. Mit Brühe oder Wasser ablöschen und mit Salz und Pfeffer abschmecken.

TIPP: Dazu passt gut ein grüner Salat oder – wenn Kohlenhydrate mal keine Rolle spielen – Kartoffelpüree. Das Gericht können Sie auch mit preiswerterer Geflügel- oder Rinderleber zubereiten.

INFO: In tierischer Leber stecken viele Vitamine und Mineralstoffe, die Ihre Leber jetzt gut gebrauchen kann. Das sind Vitamin A, alle B-Vitamine, die Vitamine C, D, E und K. Unter den Mineralstoffen machen Phosphor und Eisen das Rennen.

Rinderfilet mit Bohnen und Paprika

8,4g BAL

FÜR 2 PORTIONEN

PRO PORTION: 458 KCAL | 47,9 G E | 22,5 G F | 11,6 G KH, DAVON 8,4 G ZUCKER

ZUTATEN

- 300 g Rinderfiletspitzen (oder falsches Filet, Hüftsteak)
- 2 Knoblauchzehen
- ½ TL grob gemahlener Pfeffer
- 300 g breite Bohnen
- 500 ml Wasser
- Salz
- 1 große gelbe Paprikaschote
- 2 EL kalt gepresstes Olivenöl
- 100 ml Gemüse- oder Fleischbrühe (Fertigprodukt)
- 1 EL Crema di Balsamico (optional)

1. Das Fleisch mit Küchenpapier trocken tupfen und in schmale, etwa 5 cm lange Streifen schneiden. Die Knoblauchzehen abziehen und durch eine Knoblauchpresse drücken. Fleischstücke, Knoblauch und Pfeffer in einer Schüssel vermischen und 20 Minuten oder länger durchziehen lassen.
2. Die Bohnen waschen, putzen und schräg in schmale Streifen schneiden. In einen Dampfgareinsatz geben. Wasser mit 1 Prise Salz in einen Topf füllen, den Dampfgareinsatz mit den Bohnen einsetzen und diese in 8–10 Minuten bissfest dämpfen.
3. In der Zwischenzeit die Paprikaschote waschen, putzen und in Streifen schneiden.
4. Olivenöl in einer geräumigen beschichteten Pfanne sanft erhitzen und das Fleisch darin verteilen. Die Paprikastreifen obenauf geben. Das Fleisch etwa 5 Minuten braten, bis es eine leichte Bräunung zeigt. Dann durchrühren und weiterbraten, bis auch die Paprikastreifen Farbe angenommen haben.
5. Mit Brühe ablöschen und Flüssigkeit kurz einkochen lassen. Die Bohnen unterrühren und das Ganze mit Salz und Pfeffer abschmecken. Auf 2 Teller verteilen und nach Belieben mit Crema di Balsamico beträufeln.

TIPP: Dieses Gericht kann – wenn man von den lebergesunden Inhaltsstoffen profitieren will – auch mit Rinderleber oder Geflügelleber zubereitet werden.

Süßes

Ja, Süßes! Das ist bei der empfohlenen zuckerfreien Ernährung zugunsten Ihrer Leberwerte nicht so der Hit. Wir vertrauen daher bei den Rezepten (mit Ausnahme des Haferflocken-Crumbles) ganz auf die Fruchtsüße des verwendeten Obstes. Zwar ist gerade der Fruchtzucker für die Fettleber verantwortlich, das meint aber ZU VIEL Fruchtzucker. Der ist bekanntlich in Softdrinks, fertigen Smoothies und Milchshakes, in Süßwaren sowieso und versteckt auch in sauren und salzigen Lebensmitteln.

Natürlich sollen Sie mit dem Obstgenuss nicht übertreiben – damit kurieren Sie Ihre Fettleber nicht. Aber mit »normalen« Portionen Obst von 100 bis 150 Gramm bekommen Sie gleichzeitig so viele wertvolle Nährstoffe, die zur Heilung beitragen. Bevorzugen Sie zuckerarme Obstsorten wie Beeren, Grapefruit (Bitterstoffe!), Äpfel, Bananen, Pfirsiche oder Pflaumen.

Gedünstete Birnen mit Ricotta und Nüssen

6,2g BAL

FÜR 2 PORTIONEN

PRO PORTION: 248 KCAL | 5,2 G E | 14,4 G F | 22,1 G KH, DAVON 21,0 G ZUCKER

ZUTATEN

2 kleine Birnen (à ca. 150 g)
400 ml Wasser
1 EL Zitronensaft
30 g Walnusskerne
50 g Heidelbeeren
Minzeblätter (optional)
50 g Ricotta oder Frischkäse
gemahlener Zimt

1. Die Birnen schälen oder heiß waschen, längs halbieren und die Kerngehäuse mit einem kleinen Messer herausschneiden. Die Birnenhälften nebeneinander in einen kleinen Topf legen.
2. Wasser mit Zitronensaft über die Birnen gießen (sie sollen knapp damit bedeckt sein) und zum Kochen bringen. Den Topf dann vom Herd nehmen und Birnen etwa 10 Minuten ziehen lassen, bis sie weich sind.
3. In der Zwischenzeit die Walnusskerne grob hacken und – nach Belieben – in einer beschichteten Pfanne ohne Fett rösten. Heidelbeeren und Minzeblätter, sofern verwendet, waschen und trocken tupfen.
4. Die Birnen aus dem Kochwasser heben und auf 2 Tellern anrichten. Je 1 EL Ricotta in die Mitte setzen, mit Walnüssen, Heidelbeeren und Zimt bestreuen und nach Belieben mit Minzeblättern garnieren.

INFO: Birnen sind durch Folsäure besonders gesundheitsfördernd – nicht nur für die Leber. Wenn Sie dann noch Cashewkerne als Füllung verwenden, haben Sie ein perfektes Duo für Ihren Leberstoffwechsel.

Rote Grütze mit Haferflocken

5,0g BAL

FÜR 2 PORTIONEN

PRO PORTION: 194 KCAL | 4,7 G E | 2,5 G F | 36,7 G KH, DAVON 21,1 G ZUCKER

ZUTATEN

- 200 g frische Beeren nach Wahl, z. B. Erdbeeren, Brombeeren, Johannisbeeren
- 200 ml roter Fruchtsaft (Bio-Fertigprodukt), z. B. roter oder schwarzer Johannisbeersaft
- 50 g Haferflocken oder -grütze

1. Die Beeren waschen und verlesen. Je nach Sorte entstielen, entkernen, von den Rispen streifen oder größere Exemplare halbieren.
2. Fruchtsaft mit Haferflocken oder -grütze in einen kleinen Topf geben und aufkochen lassen. Unter häufigem Rühren in 8 Minuten dicklich einkochen.
3. Die vorbereiteten Früchte dazugeben und 2–3 Minuten mitkochen lassen. In 2 Schüsseln oder tiefe Teller verteilen, erkalten lassen und dann zum weiteren Gelieren für 2–3 Stunden oder länger in den Kühlschrank stellen.

TIPP: Sie können die Rote Grütze auch auf Vorrat zubereiten. Einfach kochend heiß in Twist-off-Gläser füllen und diese 5–10 Minuten kopfüber etwas auskühlen lassen. Ideal zum Mitnehmen für Büro und Picknick.

INFO: Werden Haferkörner grob zerkleinert, entsteht Hafergrütze, welche dem Dessert seinen Namen gegeben hat. Die Hafergrütze ist ein Vorprodukt, aus dem schließlich die Haferflocken gewalzt werden. Sie bekommen sie meist im Reformhaus.

Haferflocken-Crumble mit Heidelbeeren

6,1g BAL

FÜR 2 PORTIONEN

PRO PORTION: 344 KCAL | 5,9 G E | 17,5 G F | 38,7 G KH, DAVON 18,9 G ZUCKER

ZUTATEN

- etwas Butter für die Formen
- 1 kleiner Apfel
- 1 EL Zitronensaft
- 20 g ungeschälte Mandeln
- 100 g Heidelbeeren
- 25 g Butter
- 30 g Haferflocken
- 25 g Weizenmehl Type 550
- 20 g Rohrzucker

1. Backofen auf 180 °C Ober-/Unterhitze (Umluft: 160 °C) vorheizen.
2. 2 Gratin-Förmchen mit Butter dünn einfetten. Den Apfel schälen, vierteln und das Kerngehäuse entfernen. Das Fruchtfleisch klein würfeln, mit Zitronensaft beträufeln und in den Gratin-Förmchen verteilen.
3. Die Mandeln grob hacken. Die Heidelbeeren waschen, verlesen und gut abtropfen lassen. Einige Heidelbeeren zur Dekoration beiseitestellen und die restlichen mit den Apfelwürfeln vermischen.
4. Butter in einer beschichteten Pfanne schmelzen und die Haferflocken und Mandeln unter Rühren darin rösten. In eine Schüssel umfüllen. Dann das Mehl und den Zucker unter die Haferflocken rühren.
5. Die Haferflocken-Streusel auf dem Obst anhäufen und behutsam etwas festdrücken. Den Crumble 25–30 Minuten im Ofen auf der mittleren Schiene goldgelb backen. Heiß, lauwarm oder kalt mit den restlichen Heidelbeeren bestreut in den Formen servieren.

INFO: Alle Beeren gehören trotz ihres Kohlenhydrat-und Zuckergehalts zu den Top Ten der gesunden Ernährung. Sie enthalten Ellagsäure (Gerbstoffe), die Schadstoffe aus der Umwelt und aus der Lebensmittelverarbeitung neutralisiert. Sie sind sehr mineralstoffreich und punkten mit jeder Menge Pflanzenfarbstoffen. Die Anthozyane, die in blauen und roten Früchten vorkommen, schützen Leber, Gelenke, Augen, Haut und Nieren.

Himbeeren mit Joghurt und knusprigen Haferflocken

6,2g
BAL

FÜR 2 PORTIONEN

PRO PORTION: 206 KCAL | 8,4 G E | 5,4 G F | 28,0 G KH, DAVON 16,4 G ZUCKER

ZUTATEN

40 g Haferflocken
1 EL Honig
150 g Himbeeren
200 g Naturjoghurt

1. Die Haferflocken in einer beschichteten Pfanne ohne Fett goldgelb rösten. Anschließend den Honig einrühren, bis er flüssig ist und die Haferflocken etwas zusammenkleben.
2. Die Himbeeren behutsam waschen und abtropfen lassen.
3. Himbeeren und Joghurt abwechselnd in 2 hohe Gläser schichten. Nach Belieben 1–2 Stunden im Kühlschrank durchziehen lassen.
4. Vor dem Servieren mit den Honig-Haferflocken bestreuen.

Ketchup

Für den Vorrat

Hier sind einige Zubereitungen zusammengestellt, die im Vorratsschrank oder im Kühlschrank aufbewahrt werden können und immer mal wieder als Ergänzung in Ihrer Ernährung sinnvoll sind. Ob Brotaufstrich, Pesto für Nudel- und Gemüsegerichte oder Saures – alles besteht aus Nahrungsmitteln, die Ihrer Lebergesundheit dienen. Viel Arbeit machen diese Rezepte nicht, es spart aber Zeit, wenn Sie mal auf die Schnelle auf etwas Vorbereitetes zurückgreifen können.

Löwenzahnpesto

0,8g BAL

FÜR 10 PORTIONEN
PRO PORTION (40 G): 186 KCAL | 3,8 G E | 18,4 G F | 1,2 G KH, DAVON 0,6 G ZUCKER

ZUTATEN

- 120 g frische Löwenzahnblätter (geputzt gewogen)
- 1 Knoblauchzehe
- 50 g Parmesan oder Grana Padano
- ½ Zitrone
- 100 g Walnusskerne
- 100 ml kalt gepresstes Olivenöl + mehr zum Beträufeln
- Salz
- Pfeffer
- 1 TL Honig (optional)

1. Den Löwenzahn waschen, verlesen und – wenn nötig – die harten Rippen entfernen. Die Blätter grob hacken. Die Knoblauchzehe schälen und hacken. Den Käse grob zerschneiden.
2. Die Zitrone auspressen.
3. Löwenzahn, Knoblauch, Käse, 2 EL Zitronensaft, Walnusskerne und Olivenöl in einen Mixer geben und nach Belieben feiner oder gröber pürieren.
4. Mit Salz, Pfeffer und restlichem Zitronensaft abschmecken. Wenn Ihnen das Pesto zu bitter erscheint, können Sie es mit 1 TL Honig süßen.
5. Pesto in 1 oder 2 vorbereitete Schraubgläser (gesamt ca. 400 ml) füllen und die Oberfläche mit einer dünnen Ölschicht bedecken. So hält sich das Pesto bis zu 2 Wochen im Kühlschrank.

TIPP: Das Pesto können Sie auch mit Petersilie oder Rucola machen – beide enthalten ebenfalls die gallenaktiven Bitterstoffe. Geben Sie zur Abwechslung etwas geriebenen Ingwer dazu oder verwenden Sie statt der Walnusseinmal Cashewkerne.

Leberstreichwurst

0,6g BAL

FÜR 10 PORTIONEN
PRO PORTION (30 G): 95 KCAL | 5,9 G E | 6,8 G F | 2,2 G KH, DAVON 1,2 G ZUCKER

ZUTATEN

- 1 Zwiebel
- 1 kleine Stange Lauch
- 2 Zweige Thymian
- 3 EL Rapsöl
- 50 g Schinkenwürfel
- 200 g frische Kalbs- oder Geflügelleber
- 50 g Sahne
- 1 TL Salz
- Pfeffer
- ½ TL gemahlener Zimt

1. Die Zwiebel abziehen und klein würfeln. Den Lauch putzen, gut waschen und die weißen Teile in Ringe schneiden. Den Thymian waschen, trocken schütteln und die Blätter von den Zweigen zupfen.
2. Rapsöl in einem beschichteten Topf erhitzen. Zwiebel, Lauch und Schinkenwürfel dazugeben und unter Rühren leicht anbraten.
3. Die Leber mit Küchenpapier trocken tupfen und in etwa 2 cm große Stücke schneiden. Zum Gemüse in den Topf geben, unterrühren und bei milder Hitze von allen Seiten anbraten.
4. Die Sahne angießen und Thymian und Gewürze dazugeben. Kurz aufkochen lassen und den Topf vom Herd nehmen. Die Mischung mit dem Stabmixer zur gewünschten Konsistenz pürieren und noch mal mit Salz und Pfeffer abschmecken.
5. Die Leberstreichwurst sofort in 2 heiß gespülte Schraubgläser à 150 ml füllen und fest verschließen. Abkühlen lassen und im Kühlschrank aufbewahren. Hält sich verschlossen mindestens 2 Wochen. Wenn das Glas geöffnet ist, in 3–4 Tagen verbrauchen!

TIPP: Gut macht sich auch ein kleiner Apfel in der Streichwurst. Den Apfel schälen, würfeln und zusammen mit der Zwiebel und dem Lauch andünsten.

Pilzaufstrich

1,5g BAL

FÜR 10 PORTIONEN

PRO PORTION (25 G): 69 KCAL | 2,3 G E | 5,7 G F | 1,3 G KH, DAVON 1,1 G ZUCKER

ZUTATEN

- 15 g getrocknete Steinpilze oder gemischte Pilze
- 300 g braune Champignons
- 1 kleine Zwiebel
- 1 Knoblauchzehe
- 3–4 Zweige Thymian
- 30 g Butter
- 125 g Frischkäse
- Salz
- Pfeffer

1. Die Steinpilze 20 Minuten oder länger in einer Schüssel mit lauwarmem Wasser einweichen.
2. Champignons mit Küchenpapier abreiben, putzen und in Scheiben schneiden. Zwiebel abziehen und klein würfeln. Knoblauchzehe schälen und durch eine Knoblauchpresse drücken. Thymian waschen, mit Küchenpapier trocken tupfen und die Blätter gegen die Wuchsrichtung von den Stängeln streifen.
3. Steinpilze abgießen, abtropfen lassen und fein hacken.
4. Butter in einer geräumigen Pfanne erhitzen und Champignons darin etwas anbraten. Steinpilze, Zwiebel und Knoblauch dazugeben und alles zusammen unter Rühren braten. Thymian dazugeben und die Mischung abkühlen lassen.
5. Die Pilzmischung eventuell abtropfen lassen (die Champignons können beim Abkühlen Flüssigkeit verloren haben), zusammen mit dem Frischkäse in ein hohes Gefäß füllen und mit dem Stabmixer zur gewünschten Konsistenz pürieren. Mit Salz und Pfeffer abschmecken und in einem gut verschließbaren Glas (ca. 200 ml) im Kühlschrank aufbewahren. Der Aufstrich hält sich circa 2 Wochen.

TIPP: Sie können vor dem Pürieren nach Belieben noch einige Walnusshälften dazugeben. Das passt gut zu den Pilzen.

Tapenade

0,5g BAL

FÜR 10 PORTIONEN

PRO PORTION (25 G): 116 KCAL | 1,2 G E | 11,8 G F | 0,9 G KH, DAVON 0 G ZUCKER

ZUTATEN

- 2 Stängel glatte Petersilie oder 4 Stängel Thymian
- 2 Knoblauchzehen
- 100 g entsteinte schwarze Oliven
- 30 g eingelegte Kapern
- 25 g Sardellenfilets (eingelegt im Glas oder Paste aus der Tube)
- 80 ml kalt gepresstes Olivenöl + mehr zum Beträufeln
- Salz
- Pfeffer

1. Petersilie oder Thymian waschen, mit Küchenpapier trocken tupfen und die Blätter von den Stängeln zupfen. Die Knoblauchzehen schälen und durch eine Knoblauchpresse drücken.
2. Oliven hacken und mit Knoblauch, Petersilie, Kapern, Sardellen und Olivenöl in einen Standmixer geben und zu einer feinen oder gröberen Creme mixen.
3. Die Tapenade mit Salz und Pfeffer abschmecken und in ein heiß ausgespültes Schraubglas (250 ml) füllen. Darauf achten, dass keine Luftblasen im Glas bleiben. Mit einer dünnen Ölschicht bedecken und fest verschließen. Die Tapenade hält sich im Kühlschrank aufbewahrt 3–4 Monate, wenn Sie nach dem Entnehmen immer wieder eine Ölschicht obenauf geben.

TIPP: Gehört zwar nicht in eine klassische Tapenade, aber zusätzliche 30 g Cashewkerne in der Paste erfreuen Ihre Leber. Ein frisches, sommerliches Aroma erhält die Tapenade, wenn Sie am Schluss 1 EL fein geraspelte Schale einer Bio-Orange untermischen.

Linsenhummus

1,8g
BAL

FÜR 10 PORTIONEN

PRO PORTION (50 G): 121 KCAL | 4,9 G E | 6,8 G F | 9,3 G KH, DAVON 0,4 G ZUCKER

ZUTATEN

- 1 Knoblauchzehe
- 1 EL Olivenöl + mehr zum Beträufeln
- 400 ml Gemüsebrühe (Fertigprodukt)
- 150 g rote Linsen
- 1 Lorbeerblatt
- 1 TL Garam Masala
- 50 g Walnusskerne
- Salz
- Pfeffer
- 1–2 EL Zitronensaft
- 2 EL Walnussöl
- rosenscharfes oder edelsüßes Paprikapulver

1. Die Knoblauchzehe abziehen und durch eine Knoblauchpresse drücken. Olivenöl in einem Topf erhitzen und den Knoblauch darin goldgelb anbraten. Gemüsebrühe, Linsen, Lorbeerblatt und Garam Masala dazugeben, aufkochen lassen und dann bei kleiner Hitze 10 Minuten quellen lassen. Dabei ab und zu umrühren und bei Bedarf etwas Flüssigkeit zugeben.
2. Walnusskerne grob zerkleinern, zufügen und alles mit dem Stabmixer zu einer feinen Paste pürieren. Mit Salz, Pfeffer und Zitronensaft abschmecken.
3. Den Linsenhummus vor dem Servieren mit Walnussöl beträufeln und mit Paprikapulver bestreuen. Warm oder kalt mit Fladenbrot servieren. Zum Aufbewahren in ein Schraubglas (circa 400 ml) füllen und mit Oliven- oder Nussöl bedecken – so hält es sich bis zu 1 Woche im Kühlschrank.

INFO: Garam Masala ist eine klassische indische Gewürzmischung, die hauptsächlich aus Kardamom, Koriander, Zimt, Gewürznelken und Pfeffer besteht. Sie finden die Mischung in gut sortieren Supermärkten. Das Gewürz passt besonders gut zu Linsen.

Marinierter Weißkohl

2,1g BAL

FÜR 10 PORTIONEN
PRO PORTION (100 G): 51 KCAL | 0,9 G E | 0,1 G F | 10,4 G KH, DAVON 3,1 G ZUCKER

ZUTATEN

- 500 g Weißkohl
- 200 g Möhren
- 300 ml Weißweinessig (mindestens 5 % Säuregehalt)
- 1 EL Salz
- 1 TL weiße Pfefferkörner
- 1 TL Rohrzucker
- 1 EL Kümmel (optional)

1. Den Weißkohl putzen, waschen und am besten mit einem Gemüsehobel in feine Streifen schneiden. Die Möhren schälen, putzen und in Stifte schneiden oder grob raspeln.
2. Das Gemüse in einer Schüssel gut vermischen, in 4 vorbereitete Schraubgläser à 250 ml füllen und dabei gut andrücken.
3. Essig, Salz, Pfefferkörner, Zucker und eventuell Kümmel in einem Topf zum Kochen bringen. Den Sud noch heiß in die Gläser gießen, sodass das Gemüse damit bedeckt ist. Sollte das Gemüse nicht vollständig bedeckt sein, noch mehr Essig erhitzen und dazugeben. Die Gläser sofort fest verschließen und kopfüber auskühlen lassen.
4. Das Gemüse vor dem Verzehr etwa 2 Wochen durchziehen lassen. Es ist ungeöffnet 6 Monate haltbar, nach dem Öffnen im Kühlschrank aufbewahren.

INFO: Ganz wichtig beim Einlegen von Gemüse: Der Essig muss einen Säuregehalt von mindestens 5 % haben. Kein Jodsalz verwenden – das macht das Gemüse mit der Zeit schlabberig.
Faustregel für schnelles Einlegen: 250 ml Essig, 500 ml Wasser, 2 EL Meersalz und 2 EL Rohrzucker aufkochen. Gewürze und Kräuter kommen dann nach Belieben dazu. So können Sie auch zu viel gekauftes Gemüse schnell in Gläser gepackt haltbar machen.

Saure Gurken

0,5g
BAL

FÜR 20 PORTIONEN

PRO PORTION (100 G): 41 KCAL | 0,4 G E | 0,1 G F | 9,4 G KH, DAVON 5,9 G ZUCKER

ZUTATEN

- 800 g kleine Einmachgurken (August/September am Markt)
- 50 g Salz
- 2 weiße Zwiebeln
- 4 Stängel Dill
- 15 g Senfkörner
- 5 g weiße Pfefferkörner
- 10 Wacholderbeeren
- 300 ml Weißweinessig (mindestens 5 % Säuregehalt)
- 600 ml Wasser
- 100 g Rohrzucker
- 2 EL Meersalz
- 5 Knoblauchzehen
- 5 Lorbeerblätter

1. Gurken unter fließendem Wasser mit einer Gemüsebürste abbürsten. Stiele abschneiden und Gurken in eine Schüssel geben. Salz und so viel Wasser zugeben, dass sie ganz damit bedeckt sind. 24 Stunden (oder länger – bis zu 48 Stunden) stehen lassen.
2. 5 Gläser à 400 ml mit Schraubdeckel heiß ausspülen und zum Abtropfen kopfüber auf ein Geschirrhandtuch stellen. Die Gurken aus dem Salzwasser nehmen, abspülen und gut abtrocknen. Ganz lassen oder in circa 5 mm dicke Scheiben schneiden.
3. Die Zwiebeln abziehen und in Ringe schneiden. Den Dill waschen, trocken tupfen und die Blätter in Büscheln von den Stängeln zupfen. Die Gurken(-scheiben) abwechselnd mit Zwiebelringen und Dill in die Gläser schichten.
4. Für den Sud Senf-, Pfefferkörner und Wacholderbeeren in einem Mörser leicht zerdrücken (oder auf der Arbeitsfläche mit der Breitseite des Küchenmessers). Die Gewürze zusammen mit Essig, Wasser, Zucker und Meersalz in einen Topf geben und aufkochen lassen.
5. In der Zwischenzeit die Knoblauchzehen schälen. In jedes Glas 1 Zehe und 1 Lorbeerblatt geben.
6. Den Sud noch heiß über die Gurken gießen, sodass sie vollständig damit bedeckt sind (bei Bedarf noch mehr Sud zubereiten). Die Gläser sofort fest verschließen und kopfüber auskühlen lassen. Vor dem Verzehr Gurken 4 Wochen kühl lagern, damit sie durchziehen können. Sie halten ungeöffnet 6–8 Monate. Nach dem Öffnen innerhalb 1 Woche aufessen.

INFO: 100 g Gurken haben nur 12 kcal, denn sie bestehen zu 95 Prozent aus Wasser. Dennoch haben Gurken viele Vitamine gespeichert: B-Vitamine, Vitamin C und das für die Leber wichtige Vitamin E. An Mineralstoffen können die schlanken Grünen mit Zink, Eisen, Magnesium und Kalium aufwarten.

Rote-Bete-Pickles

1,5g
BAL

FÜR 15 PORTIONEN

PRO PORTION (100 G): 57 KCAL | 1,0 G E | 0,1 G F | 12,4 G KH, DAVON 8,3 G ZUCKER

ZUTATEN

- 1 kg frische Rote Beten
- 2 rote Zwiebeln
- 3 Knoblauchzehen
- 250 ml Weißwein- oder Sherryessig (mindestens 5 % Säuregehalt)
- 200 ml Wasser
- 50 g brauner Zucker
- 2 TL Kümmel
- 1 EL Meersalz
- 1 EL schwarze Pfefferkörner
- 3 Lorbeerblätter

1. Die Roten Beten putzen und mit dem Sparschäler schälen, dabei die Hände mit Einmalhandschuhen vor dem hartnäckig haftenden roten Saft schützen! Beten in etwa 1 ½ cm große Würfel schneiden. Alternativ in Stifte schneiden oder auf einer Reibe oder einem Gemüsehobel zerkleinern.
2. Die Zwiebeln abziehen, halbieren und in Streifen schneiden. Die Knoblauchzehen schälen.
3. Rote Bete, Essig, Wasser, Zucker, Kümmel, Salz und Pfefferkörner in einem Topf vermischen, aufkochen und 5 Minuten bei geringer Hitze ziehen lassen.
4. Die Zwiebeln dazugeben und 2 Minuten garen.
5. 3 vorbereitete Schraub- oder Bügelgläser à 500 ml zur Hälfte mit den Roten Beten und ihrem Sud füllen, Knoblauch und Lorbeerblätter einlegen und mit dem restlichen Gemüse und Sud bedecken. Sofort fest verschließen und kopfüber auskühlen lassen. Vor dem Verzehr etwa 1 Woche durchziehen lassen. Hält ungeöffnet etwa 6 Monate.

TIPP: Nach Belieben je 2 cm Zimtstange in die Gläser geben. Gut zu den Roten Beten passen auch Ingwer oder frischer Meerrettich – in Stücken oder geraspelt mit dem Knoblauch in die Gläser verteilen. Ganz raffiniert werden die Pickles mit 75 g Rosinen, die zum Schluss in die Gläser gegeben werden.

Ketchup ohne zugesetzten Zucker

0,7g BAL

FÜR 20 PORTIONEN

PRO PORTION (50 G): 22 KCAL | 0,5 G E | 1,0 G F | 2,5 G KH, DAVON 2,4 G ZUCKER

ZUTATEN

- 1 Zwiebel
- 2 Knoblauchzehen
- 1 Stück Ingwer (etwa haselnussgroß)
- 750 g aromatische Tomaten, z. B. Roma
- 1 rote Spitzpaprikaschote
- 2 Lorbeerblätter
- 2 Gewürznelken
- 2 cm Zimtstange
- je 1 EL frische Rosmarinnadeln und Thymianblättchen
- Chiliflocken (optional)
- etwas Öl
- 50 g Tomatenmark
- 25 ml Balsamessig
- 1 Tütchen Zitronensäure
- Salz, Pfeffer

1. Die Zwiebel abziehen und würfeln. Knoblauchzehen und Ingwer schälen und klein hacken.
2. Die Tomaten waschen, halbieren, die Stielansätze herausschneiden und das Fruchtfleisch in Spalten schneiden. Spitzpaprika waschen, putzen und grob hacken.
3. Die Gewürze in eine Gewürzkugel geben. (Alternativ einen Teefilter befüllen und mit Küchengarn zubinden.)
4. Öl in einem großen Topf erhitzen und Zwiebel, Knoblauch und Ingwer darin leicht anbraten. Paprika und Tomatenmark dazugeben und unter Rühren etwas anrösten.
5. Tomaten und Gewürze zufügen und alles 35–40 Minuten zugedeckt bei geringer Hitze köcheln lassen, bis die Tomaten fast zerfallen sind.
6. In der Zwischenzeit 4 Flaschen à 250 ml oder 2 Flaschen à 500 ml heiß ausspülen und kopfüber abtropfen lassen.
7. Balsamessig und Zitronensäure zum Tomatenpüree geben und unterrühren. Mit Salz und Pfeffer – und eventuell noch mehr Balsamessig – abschmecken. Die Gewürzkugel entfernen. Ketchup sofort heiß mithilfe eines Trichters in die vorbereiteten Fläschchen füllen, verschließen und kopfüber auskühlen lassen. Im Kühlschrank aufbewahrt mindestens 6 Monate haltbar.

TIPP: Statt mit Kräutern kann man den Ketchup auch mal mit 2 EL Curry oder einer indischen Gewürzmischung würzen.

Eingelegter Ingwer

0,2g
BAL

FÜR 15 PORTIONEN

PRO PORTION (50 G): 28 KCAL | 0,3 G E | 0,2 G F | 6,0 G KH, DAVON 5,0 G ZUCKER

ZUTATEN

- 300 g frischer Ingwer
- 2 TL Salz
- 200 ml Reisessig (mindestens 5 % Säuregehalt)
- 200 ml Wasser
- 50 g brauner Zucker

1. Den Ingwer schälen und in sehr dünne Scheiben schneiden. Am besten geht das mit einem Gemüsehobel.
2. Ingwer in eine Schüssel geben und mit Salz vermischen. Zugedeckt 1 Stunde ziehen lassen. Anschließend durch ein Sieb abgießen und abtropfen lassen.
3. Reisessig, Wasser und Zucker in einem Topf aufkochen und rühren, bis der Zucker vollständig aufgelöst ist. Den Ingwer dazugeben und 2 Minuten bei geringer Hitze garen.
4. Die Mischung heiß in 3 vorbereitete Schraubgläser à 250 ml füllen, sofort fest verschließen und kopfüber auskühlen lassen. In den Kühlschrank stellen und vor dem Verzehr 1–2 Tage durchziehen lassen. Ungeöffnet hält sich der eingelegte Ingwer mindestens 3 Monate.

TIPP: Wenn Sie dem Ingwer eine quietschrosa Farbe geben wollen, können Sie unter Punkt 2 50 ml Rote-Bete-Saft (Reformhaus) dazugeben.

Erdnusscreme

1,8g
BAL

FÜR 15 PORTIONEN

PRO PORTION (15 G): 111 KCAL | 4,3 G E | 9,0 G F | 2,4 G KH, DAVON 1,2 G ZUCKER

ZUTATEN

250 g ungesalzene Erdnüsse
10 g Honig
1 EL Erdnussöl
½ TL Salz

1. Erdnüsse in 2 Portionen in einen Standmixer geben und sehr fein mahlen.
2. Honig, Erdnussöl und Salz in einem kleinen Topf mild erhitzen, Erdnüsse dazugeben und alles cremig rühren.
3. Die Creme in ein vorbereitetes Glas à 250 ml füllen, gut verschließen und im Kühlschrank aufbewahren. Hält sich – immer wieder gut verschlossen – etwa 2 Monate.

TIPP: Wer es »pur« mag, kann den Honig weglassen.
Intensiver wird das Aroma, wenn Sie die Erdnüsse zuvor in einer beschichteten Pfanne ohne Fett rösten.
Etwas bissfester wird die Creme, wenn Sie 50 g der Erdnüsse nur grob hacken, beiseitestellen und ganz am Schluss unterrühren.
Anstelle von Honig geben auch Birnen- oder Ahornsirup ein feines Aroma.
Die Erdnusscreme kann auch gut mit dem Haselnussaufstrich (siehe Seite 190) vermischt werden. Einfach abwechselnd in Gläser schichten.

Haselnussaufstrich

1,4g BAL

FÜR 15 PORTIONEN

PRO PORTION (15 G): 99 KCAL | 2,0 G E | 7,7 G F | 4,9 G KH, DAVON 4,3 G ZUCKER

ZUTATEN

- 125 g gemahlene Haselnüsse
- 75 g Zartbitterschokolade oder -kuvertüre
- 1 EL Rapsöl
- 25 g Rohrzucker
- 15 g Bio-Kakaopulver
- Mark von ½ Vanilleschote

1. Die Haselnüsse in einer beschichteten Pfanne ohne Fett unter Rühren goldbraun rösten. Anschließend in einem Standmixer sehr fein mahlen.
2. Die Schokolade grob zerschneiden. Mit dem Öl und dem Zucker in einen kleinen Topf geben, diesen in einen mit Wasser gefüllten passenden Topf stellen und die Schokolade im Wasserbad schmelzen.
3. Den Topf aus dem Wasserbad nehmen, Kakaopulver, Vanillemark und die Nüsse hineingeben und kräftig verrühren.
4. Die Creme noch warm in ein vorbereitetes Schraubglas à 250 ml füllen und dieses verschließen. Abkühlen lassen und zum Aufbewahren in den Kühlschrank stellen. Hält 2–3 Monate.

INFO: Es lohnt sich, beim Kauf von Kakaopulver (Rohkakao) auf Qualität zu achten. Schwach entölter Bio- oder Edelkakao sind schon eine gute Wahl. Stark entölte Sorten enthalten nur noch etwa 10 Prozent Kakaobutter, das macht sich durch ein schwächeres Aroma bemerkbar. Zur Zubereitung von Instantgetränken wird Kakaopulver meist mit Zucker und anderen Aromen, zum Beispiel Karamell, vermischt. Diese eignen sich schon wegen ihrer helleren Färbung weniger zur Herstellung leckerer Cremes und Aufstriche und weisen viel mehr Zucker auf, als Ihre Leber vertragen kann.

Bildnachweis

Shutterstock.com: S. 5: SvetaZi; S.6: Jack Mankel; S. 9: Elena Verba; S. BlueRingMedia; S. 12: victoriaKh; S. 13: Hortimages; S. 14: T. Lesia; S. 15:rawf8; S. 16: Maryna Jack; S. 17: Ground Picture; S. 19: Hong Vo, Ivonne Wierink; S. 20: NUM LPPHOTO, Photoongraphy; S. 21: Korovina Anastasia; S. 22: ozoznanie.jizni; S. 23: Alexander Raths, MarcoFood; S. 24: Yeti studio, Nikox2, Koko Foto; S. 27: Bojsha; S. 35, 46: Tatjana Baibakova; S. 36: Peter Zijlstra, PhotoSGH; S. 37: Petro Perutskyi; S. 38: Tina Larsson; S. 39: Nataliya Schmidt; S. 40: Marina Shanti; S. 49: Nataliya Arzamasova, Brent Hofacker, Chatham172, SergeyCo, Irina Rostokina, Liliya Kandrashevich, photodaria, Amallia Eka, Olyina V; S. 50: photodaria; S. 51: Chatham172; S. 52, 105: Amallia Eka; S. 54: Olyina V; S. 55: Irina Rostokina; S. 56: Liliya Kandrashevich; S. 58 SergeyCo; S. 59: Nataliya Arzamasova; S. 61: Brent Hofacker; S. 63: contrse; S. 64: freeskyline, Olya Detry, Sea Wave, NADKI, Rasulov, iuliia_n, Alexandra Anschiz, Shebeko, Alfa Photostudio; S. 66: Shebeko; S. 67: Alfa Photostudio; S. 68: Rasulov; S. 69, 113: Sea Wave; S. 70: NADKI; S. 71: titialucida; S 72: Olya Detry; S. 73: freeskyline; S. 74: Alexandra Anschiz; S. 76: Svetlana Lukienko; S. 77: iuliia_n; S. 78: DUSAN ZIDAR, Kolpakova Svetlana, MariaKovaleva, Julie208, Yulia Furman, Candice Bell, Igabriela, Anna Puzatykh, Jagoda Przybyla; S. 81: Jagoda Przybyla; S. 82: Yulia Furman; S. 83: Kolpakova Svetlana; S. 84: DUSAN ZIDAR; S. 85: Monika_1; S. 86, 124: MariaKovaleva; S. 87: Anna Puzatykh; S. 88: Igabriela; S. 89: Julia Metkalova; S. 91: Julie208; S. 92: HandmadePictures; S. 93: Candice Bell; S. 95: ArtCookStudio; S. 96: minadezhda, Martin Rettenberger, Lyudmila Mikhailovskaya, AS Fotostudio, Olha Hrokhovetska, Irati Ventoso Cenzano, Nina Firsova, SMarina, Nina Firsova; S.99: Olha Hrokhovetska; S. 100: Tomo Jesenicnik; S. 101, 102: Nina Firsova; S. 103: Lyudmila Mikhailovskaya; S. 104: Irati Ventoso Cenzano; S. 107, 150, 163: AS Fotostudio; S. 108: SMarina; S. 109: Gina Vescovi; S. 111: SmartStockGraf; S. 112: minadezhda; S. 115, 125: Anna Shepulova; S. 116: JIANG HONGYAN; S. 117: Luca Santilli; S. 118: Martin Rettenberger; S. 119: BearFotos; S. 120: Losangela, Megan Betteridge, Kolpakova Svetlana, vlasna, nesavinov, Maria Kovaleva, Timolina, Samusudov, Anna Shepulova; S. 123: nesavinov; S. 126: Megan Betteridge; S. 127: Elena Schweitzer; S. 129: Losangela; S. 130: Chatham172; S. 131: Johannes Ziegler Photo; Elena Hramova; S. 133: Alaina Sharpshair; S. 134: Samosudov; S. 135: vlasna; S. 136: Kolpakova Svetlana; S. 137, 142, 167: Timolina; S. 138: Viktoria Hodos, Tetiana Shumbasova, Oksana Mizina, Tatiana Volgutova, Kiian Oksana, Maslova Valentina, AS Fotostudio, marcin jucha, Maria_Usp; S. 140: Maria_Usp; S. 141: Kiian Oksana; S. 143, 171: Ildi Papp; S. 144: marcin jucha; S. 145: Aleeksa; S. 147: Tetiana Shumbasova; S. 149: Maslova Valentina; S. 151: Tatiana Volgutova; S. 153: Oksana Mizina; S. 155: Viktoria Hodos; S. 156: Stepanek Photography, Maren Winter, alisafarov, marco mayer, Elena Shashkina, Jacek Chabraszewski, AS Fotostudio, Timolina; S. 158: Stepanek Photography; S. 159: Elena Shashkina; S. 160: marco mayer; S. 161: Maren Winter; S. 164: alisafarov; S. 166: Jacek Chabraszewski; S. 168: Irina Burakova, Ildi Papp, NoirChocolate, Happy_food_photo;S. 170: Irina Burakova; S. 173: NoirChocolate; S. 175: Happy_food_photo; S. 176: Jiri Hera, AnnaNikitina84, Galina Vashchenko, New Africa, HalynaRom, Daria Saveleva, Liliia Bielopolska, Ivanna Pavliuk, MAHATHIR MOHD YASIN; S. 178: HalynaRom; S. 179: Jiri Hera; S. 180: Liliia Bielopolska; S. 181: margouillat photo; S. 182: Ivanna Pavliuk; S. 183: Galina Vashchenko; S. 185: Maria Tebriaeva; S. 186: Madeleine Steinbach; S. 187: Daria Saveleva; S. 188: New Africa; S. 189: MAHATHIR MOHD YASIN; S. 190: AnnaNikitina84.

Bibliografische Information der Deutschen Nationalbibliothek
Die Deutsche Nationalbibliothek verzeichnet diese Publikation in der Deutschen Nationalbibliografie. Detaillierte bibliografische Daten sind im Internet über https://dnb.de abrufbar.

Für Fragen und Anregungen
info@m-vg.de

Wichtiger Hinweis
Dieses Buch ist für Lernzwecke gedacht. Es stellt keinen Ersatz für eine individuelle medizinische Beratung und Ernährungsberatung dar und sollte auch nicht als solcher benutzt werden. Wenn Sie medizinischen Rat einholen wollen, konsultieren Sie bitte einen qualifizierten Arzt. Der Verlag und die Autorin haften für keine nachteiligen Auswirkungen, die in einem direkten oder indirekten Zusammenhang mit den Informationen stehen, die in diesem Buch enthalten sind.

Ausschließlich zum Zweck der besseren Lesbarkeit wurde auf eine genderspezifische Schreibweise sowie eine Mehrfachbezeichnung verzichtet. Alle personenbezogenen Bezeichnungen sind somit geschlechtsneutral zu verstehen.

Originalausgabe
1. Auflage 2024

Türkenstraße 89
80799 München
Tel.: 089 651285-0
Fax: 089 652096

Redaktion: Caroline Kazianka
Umschlaggestaltung: Pamela Machleidt
Umschlagabbildungen Vorderseite: Anna Shepulova/Shutterstock.com; Rückseite: marco mayer/Shutterstock.com, AS Foodstudio/Shutterstock.com, Nataliya Arzamasova/Shutterstock.com
Satz: Bernadett Linseisen (schere.style.papier), München
Druck: Florjancic Tisk d.o.o., Slowenien
Printed in the EU

ISBN Print 978-3-7423-2559-4
ISBN E-Book (PDF) 978-3-7453-2337-5
ISBN E-Book (EPUB, Mobi) 978-3-7453-2338-2

Wir produzieren nachhaltig
www.m-vg.de

Weitere Informationen zum Verlag finden Sie unter
www.rivaverlag.de
Beachten Sie auch unsere weiteren Verlage unter www.m-vg.de